Age of Wisdom

- Interviews with 20 ancient Greek philosophers

智慧年代

——“访谈”20位古希腊哲学家

李华平◎著

人民出版社

目　录

超越时空　问学先哲

（代 序）

《智慧年代》即将面世，这是我个人学术生涯中的大事，我真的很激动，我感谢这个时代！

笔者最敬佩那些知识的拥有者。当女儿问其最大的理想是什么时，马克思说，当人们与我谈论任何学问的时候我都不感到陌生，这便是我的理想。笔者最崇拜的人就是马克思和他的亲密战友恩格斯，直至今天，对他们的若干名著名篇，我都能做到如数家珍，信手拈来的。也正是在马克思恩格斯精神的感召下，我来到了古希腊哲学家、思想家们的面前，与这些伟大的思想家们展开了心灵的对话。

古希腊思想家们的思想是深邃的，与之相比，我自愧弗如，也不得不谦虚。我也深知我提出的好多问题都非常幼稚，甚至好笑。但如果总是担心幼稚而不愿意向大家们学习，我们将永远幼稚下去，永远好笑下去。

古希腊的思想家们大多喜欢以诗歌和对话的形式来阐述自己的思想，笔者缺乏文学方面的天赋，自然不敢以诗歌形式去做冒险，但这并不影响笔者以对话的形式来做尝试。本书便是一系列对话的汇编。既然是尝试，难免会有诸多瑕疵，甚至会出现诸多错误。笔者希望得到学界同行们的指正与批评。

我素来坚信，中华文明要复兴，除了让人们重温民族的古代经典著作外，还必须用全人类的知识来武装全体国人。中华民族历经磨难，但却是血脉不断，文脉绵延，且前程无限。引领我们民族不断前行的，民族文化是一个太阳，世界文化也是一个太阳，两个太阳，一个都不能少。

让我们走近古希腊思想家！

导　言

漆黑的夜晚，给夜行者指路的，是璀璨的星光；而这些星光，无不来自那些亿万年前久已存在的天体。

给当下人类指示前进方向的，是那些深如大海却高屋建瓴的思想；而这些思想，无不来自作为万物之灵的人类中那些最伟大的古老的灵魂。

泰勒斯、毕达哥拉斯、赫拉克利特、德谟克利特、苏格拉底、柏拉图、亚里士多德……

这些古希腊伟大的思想家们、哲学家们、科学家们，他们的血肉之躯虽然早已融入无情的历史岁月中，但他们精神的火炬，如同浩瀚夜空中皎洁的星光一样，无时无刻不在指引着一代又一代人类前行的方向。

德国哲学家黑格尔曾说过，真正的哲学的教训，人们应当到源头那里、到古人那里去找寻。

跨越时空的藩篱，笔者走近古希腊的思想家们，或是精心策划的提问，或是漫不经心的对答，一问一答间，我便在不经意中迈入古希腊伟大灵魂们的精神王国。流连忘返间，灯火阑珊处，蓦然发现，那里便是哲学的源头，那些伟大的智者，便是我们苦苦寻找而不得的、也是黑格尔笔下的那些真正的“古人”们！

古希腊先哲们的思想，是原创的，丝毫也找不到在当下早已司空见惯的那种猴子式的模仿。

古希腊先哲们的思想，没有那种犹抱琵琶半遮面式的忸怩作态，有的只是痛快淋漓的表达。

古希腊先哲们的思想，没有那种歇斯底里的歌功颂德，有的只是对于天上人间万千事宜冰心玉壶般的理性思考、宇宙关怀。

古希腊先哲们的思想，没有那种趋炎附势的庸俗，而时时处处都闪烁着独立自主的精神光芒。

古希腊先哲们的思想，从来就是一个个开放性的系统，在这里，没有唯我独尊的傲慢，没有故步自封的僵化，有的只是与时俱进，勇往直前。

关键的一点是，古希腊先哲们的思想，从来就是——

不鸣则已，一鸣惊人！

1 “水”是最好的

——对话泰勒斯

引　子

人们常常说苏格拉底是西方第一位哲学家，其实这种说法并不准确。这位才是西方的第一位哲学家，他叫泰勒斯（Thales），来自米利都，一个在今日土耳其海岸附近的港口，它一度规模很大，但由于泥沙不断淤积，早已干枯废弃了。

根据我的考证，泰勒斯的生活年代是在公元前624年到公元前545年之间，其鼎盛时期是在公元前585年。

泰勒斯的父亲是一位很有权势的奴隶主，他还是一位政治家。据说在达马西亚做雅典执政官的时候，泰勒斯第一个得到“贤者”之名。西方的历史书一般把泰勒斯称为希腊“七贤”之一。哲学史专家第欧根尼·拉尔修的著作记载说，泰勒斯死得很幸福，他是高寿而终。

哲学能赚钱

记者：苏格拉底有一个徒孙名字叫亚里士多德，你知道吗？

泰勒斯：著作等身，一代贤哲啊。不愧是苏格拉底的学生——柏拉图教出来的好学生。不过，你为什么提到他？他与我有什么关系呢？

记者：亚里士多德说你在哲学家中是有钱人，在有钱人中是哲学家。如果能既当个哲学家，又能当个有钱人，该是一件多么惬意的事情啊。

泰勒斯：我之所以很有钱，首先是因为我出身好，我的父亲就是一个奴隶主，他手下有好多奴隶为他干活，因此我们家里不差钱。

记者：其次呢？

泰勒斯：什么是哲学家？哲学家就是智慧的拥有者，如果能充分应用好我们的智慧，赚钱不应该是一件很难的事情。我就是利用了哲学家的智慧赚了不少钱的。

记者：这个我很感兴趣，快说说。

泰勒斯：智慧和知识是有用的，智慧的价值是无限的，我用智慧干了好多有益的事情。

记者：举例说说。

泰勒斯：例如，我们的国王吕底安率领军队出征波斯，因哈里斯河河水太深无法架桥，军情万分紧急，一时间国王和将士们束手无策，我急中生智让士兵们开挖一条人工河，把哈里斯河的河水予以分流，这样一来，原来是一条河，现在变成两条河，河水自然浅了不少，桥很快就架起来了。

记者：雕虫小技啊。再例如？

泰勒斯：例如，埃及人一天到晚想知道他们金字塔的高度，但绞尽脑汁就是想不出什么妙法来。当时我正在埃及旅游。

记者：是你帮助他们解决的？

泰勒斯：是啊。我选择一天的某一个时刻，在这个时刻，我的身高与影子的长度是相同的，这时候只要测量出金字塔影子的高度，就可以知道金字塔本身的高度了。

记者：有点水平。再例如？

泰勒斯：再例如，人们对日食很恐惧，但在我看来，这是一种自然现象。公元前585年5月28日的那场日食就是我提前若干年预测出来的，这也是智慧在起作用啊。在此之前，人们都把日食视为某种神秘现象。再例如，我曾经制作了一个仪器，让人们在海上航行时，一边航行一边就能知道彼此的距离，我还指导水手们如何利用小熊星座来导航，这对他们出门远洋航行非常有好处。再例如……

记者：我服你了，你还是给我讲讲你是如何利用你的智慧一夜致富的吧。

泰勒斯：看来你是穷怕了。拥有智慧而贫穷，那就与拿着一个金饭碗到处乞讨没有什么区别。不过一个哲学家，可怜巴巴一辈子，穷得要死，我还真怀疑你的智慧是真的还是假的。那是在很多年以前的……

记者：一定要实事求是，不要讲故事。

泰勒斯：当然是。我曾经利用自己掌握的天文学知识，预测到来年的橄榄会有一个很好的收成，而其他人都不看好。于是我拿出手头的一小笔钱租赁下米利都和附近所有的榨油机。由于当时没有人和我竞争，租赁费特别低，可以说低得可怜，几乎是不要钱。到了收获季节，橄榄大丰收，突然间需要很多榨油机，于是我就把这些榨油机租出去，想想真痛快！当时我是想要多少钱就要多少钱。我一夜暴富就是这么来的。因此，只要我们用好智慧，想赚多少钱就赚多少钱。不过我们这些哲学家们对赚多少钱并不感兴趣。

万物皆因水而来

记者：据说你有一句传世格言：“水是最好的”，你说这句话意味着什么？

泰勒斯：在人们的记载中，“希腊七贤”每个人都有一句格言，“水是最好的”确实可以归到我的名下，严格来说，如果把这句话改一下，或许能更加准确地代表我的意思。

记者：如何改呢？

泰勒斯：改为“水是万物的本原”，这句话的真实含义就是：水是万事万物的本原，地则是一个圆筒或圆盘浮于水之上，天上是水，地下也是水，万物生于水而最终归于水，水是万物永远不变的本原。

记者：在古希腊时代，人们不是从神的眼光来看待万物，就是就事论事，很难做出什么综合性的归纳出来。你这样做，确实是一个历史性的飞跃啊。

泰勒斯：你小看我们这些古代希腊人的智慧了，企图在世界的多样性中寻找普遍性的人比比皆是。我只是其中之一而已。或者说我的做法吸引了人们的眼球而已，而其他人的研究则无人关注。

记者：我想知道你这个命题背后的一些东西，例如，你是如何得出这个结论的？

泰勒斯：来自神话，你应当知道，古希腊的神话说，是海洋之神——奥克安诺创造了万物。古代埃及和古代巴比伦的神话说，太初之世，一切皆水，水为万物的原始形态，万物皆由水而产生。

记者：神话如此说，你就如此说？

泰勒斯：也不尽然。根据我的观察，万物莫不是以潮湿的东西为滋养的原料，并依靠这些带水的物质而得以存活，还有万物的种子莫不带有水分。因此，仅仅根据这些观察，我们就不难得出这样的结论。

记者：明白了。

磁石也有灵魂

记者：古代希腊人相信万物有灵，你是如何看待的？

泰勒斯：在我看来，基本如此，磁石就有灵魂，因为磁石能够吸动铁。这种灵魂就是能动的力量，其本质依然是水。

记者：依你之见，自然万物都有生命，一切形式的物质都有感觉和思维的能力？

泰勒斯：应该如此！但这是你说的，不是我说的。这个问题我回答不了，你也回答不了，留待高人去解答吧。

“天上”与“脚下”

记者：哲学与科学发展到一定程度，这个问题自然迎刃而解了。不说也罢。最后一个问题是……

泰勒斯：随便问。

记者：苏格拉底的学生，也就是那个柏拉图，在他的《泰阿泰德篇》中披露这样的一件事，说你的色雷斯女奴曾经看到你因为夜间观察星星而失足跌入井中，你连脚下的路都看不清，谈何知晓天上的事情呢？

泰勒斯：一个每天都在关注宇宙的人，未必就能够时时关注脚下的事情。但是，一个把自己的全部精力用于关心脚下事情的人，是永远也搞不定宇宙的！

记者：言之有理！你这句话套到处理家庭问题上似乎也是对的。一个哲学家能够看透日月星辰，但未必搞定妻儿们的琐事。但是，一个把全部精力用于家长里短的人，是永远成不了哲学家的。

泰勒斯：哈哈！这是你的解释，不是我的解释。

2 “阿派郎”：万物的本原

——对话阿那克西曼德

引　子

我们的主人公是泰勒斯的一个学生，名字叫阿那克西曼德（Anaximander），他的出生时间大约是公元前610年，去世时间大约是公元前547年，去世时，他大约是64岁。

根据文献记载，阿那克西曼德是西方历史中第一个撰写了哲学著作的人，也是第一个明确使用“本原”这个哲学范畴的人。阿那克西曼德是个天文学家、地理学家，是个发明家，他制作过日晷，装置过天体仪，还绘制过地中海一带的地图，地图上不仅有希腊雅典，还有埃及和巴比伦。

此外，还有一些文献说，阿那克西曼德也是一位军事家，黑海沿岸某个米利都殖民地的首领正是此人。他的著作名字是《自然》，似乎是用散文体写的，可惜啊，笔者一直没有见过这本书的真本。因此，我研究阿那克西曼德，也只能根据一些二手资料了。

“阿派郎”为何物？

记者：你的老师，也就是那位泰勒斯，把万物的本原归于水，你对此如何评价？

阿那克西曼德：显然是不对的。

记者：为什么？

阿那克西曼德：太具体了。构成事物的基本元素，或者叫本原，不可能是以事物自身的某种存在形式而出现，它一定是一种与所有这些形式不同的东西。

记者：无论是水，无论是火，无论是土，总之一切具体的物质形式，依照你的观点，都不能作为物质世界的本原，你的观点是不是这个？

阿那克西曼德：正是。

记者：那事物的本原到底是一种什么样的东西呢？神叨叨的。

阿那克西曼德：这种东西就是“阿派郎”。

记者：什么意思？

阿那克西曼德：“阿派郎”是根据读音拼出来的词组，其意思就是某种没有固定形态或固定性质的原始物质，也即“无定形”、“无规定”、“无限制”、“无界定”，这种东西本身是不生不灭、无穷无尽、无边无际的。

记者：我向来不主张你们把多么美好的光阴用于去研究这些无用的东西。你说来说去，我还是不明白，这种所谓的“阿派郎”到底是什么？

阿那克西曼德：通俗一点，就是一种由小到大，可以全方位向四面八方无限扩展的物质，像云像雨又像雾。

宇宙的起源

记者：你既然把“阿派郎”视为万物的本原，难道宇宙万物就起源于你说的这种“阿派郎”？

阿那克西曼德：是的。宇宙不是静止不动的，而是处于永恒的运动之中。我说过，“阿派郎”是宇宙万物的本原，“阿派郎”中不断分离出一些具有固定形态或固定性质的对立物，首先分离出来的对立物就是冷和热、湿和干。对立物分离出来以后就形成一种涡旋式的运动，涡旋运动中，那些冷而湿的东西比较重，就聚集在中心，热而干的东西比较轻就散布开来在外围，形成了一个火球，把冷而湿的东西包围在里面。由于外围的火的影响，在中心的冷而湿的东西的一部分就被弄干而成为地，剩下来那部分还未干的就是水，水又蒸发而成为包围着地的云彩或者雾气……

记者：你的想象力好丰富啊！请接着说。

阿那克西曼德：由水蒸发而成的蒸汽的膨胀，导致那些包围在外面的整个的火也就裂变成为许多像车轮一样的火环，这些火环虽然被大气所覆盖着，但每个火环上面总有一个通气的孔道，从这些火环上的孔道所显现出来的火就是我们看到的日月星辰等天体。

记者：有意思！

阿那克西曼德：外围的天体围绕着地而旋转，地就像一个圆柱。

记者：什么东西支撑着这个圆柱呢？

阿那克西曼德：这个圆柱不需要任何东西来支撑，它处于圆形宇宙的中心，它永久地保持平衡而固定不动。

记者：我们人在哪里？

阿那克西曼德：我们就住在这个圆柱的顶上。

永恒的轮回

记者：我看你的《自然》残篇，里面有这样一句话，你说“万物由之产生的东西，万物又消灭而复归于它，这是命运规定了的。因为万物在时间的秩序中不公正，所以受到惩罚，并且彼此互相补足”，一会儿命运，一会儿不公正，一会儿又是什么惩罚……到底是什么意思呢？

阿那克西曼德：好的，我来解释一下。这段话包括这样几个意思：一个意思是说，万物的本原是无穷无尽的，所以这个世界上除了我们的宇宙外，还会有无数其他的宇宙从本原中不断产生出来。

记者：那么多的宇宙？

阿那克西曼德：是的。另一个意思是说，宇宙万物，包括我们的宇宙，也包括其他的宇宙，都是处于不断的生成与消亡之中。万物产生于本原，最终也将复归于本原。再另一个意思是说，宇宙万物之所以处于不断的生成与消亡之中，原因在于，在万物产生过程中，相互对立的某一个方面必定会处于优势，处于主导地位，而这对与其对立的那一面就是一种不公正，就必然会受到应有的惩罚，受到应有的报复。你明白了吗？

人是从鱼“进化”而来的

记者：一家之言，明不明白都是一回事。听说你说过人是从鱼变来的，这个论点挺有趣，你是如何得出这个结论的？

阿那克西曼德：我是从“年幼的人需要长时间的照料和看护”这个基本的事实出发，并用逻辑学中的归谬法推导出来的。

记者：归谬法？

阿那克西曼德：所谓归谬法，也就是从一个给定的假设中推断出某些带有明显错误的结论。

记者：你是如何推论的？

阿那克西曼德：我的推导过程和依据是：(1) 现在的人离不开长时间的照料，否则就无法存活下去的。(2) 如果以前的人与现在的人一样的话，人就不可能活到现在。(3) 在过去人人都自顾不暇，不可能有精力和时间去照顾别人，包括自己的子女。

记者：听起来似乎有理。

阿那克西曼德：不管你怎么说，我通过观察和逻辑加工得出这样的结论：过去的人肯定与现在的人不一样，过去的人应该是一种能够自我养活的动物。现在的人就是从过去某种能够自我养活的动物进化而来的。

记者：你是说鱼？

阿那克西曼德：是的。如果你去看看那些化石，去看看鲨鱼是如何喂养幼仔的，你就会相信，鱼就是那种能够自我养活的动物。人就是从这种动物进化而来的。鱼是我们的祖先，我们必须敬重我们的祖先。一些人竟然吃鱼，我认为是一种极为不道德的行为，应该受到谴责。

记者：我们好多人在海洋中游泳，稍不注意就会被鲨鱼吃掉，如何解释呢？

阿那克西曼德：人毫无疑问应该敬重鱼，但是鱼对我们人类是不是有感情，这就不得而知了！

3 “世界仿佛在呼吸……”

——对话阿那克西美尼

引　子

阿那克西美尼，是阿那克西曼德的学生，有人说他的鼎盛时期是在公元前546年，也有人说他的鼎盛时期是在公元前494年以前，总之，他的出生年代与活动时间十分不确定，就连他自己也不知道。不过有一点是确定的，在米利都的三位哲学家，即泰勒斯、阿那克西曼德和阿那克西美尼中，阿那克西美尼是最年轻的一个。

气是万物的本原

记者：你是知道的，苏格拉底向来就不赞成哲学家去研究诸如宇宙的本质，去研究树木的用途，去研究石头的性质之类的东西。在他看来，还有很多比这些更加重要的问题需要研究。

阿那克西美尼：苏格拉底有他的看法，我有我的看法。我认为哲学首要的问题就是去研究宇宙的本原。

记者：那你认为宇宙的本原是什么呢？

阿那克西美尼：在我看来，气是宇宙的本质。

记者：怎么讲？

阿那克西美尼：你我的灵魂都是气，火是稀薄化了的气，因此，气是万物的本质。这气使我们结成整体，整个世界也是如此。世界是被气和气息所包围着的。因此，我说气是宇宙的本质。

记者：那宇宙万物是如何从本质性的气体变出来的呢？

阿那克西美尼：万物是因为气的凝聚和稀薄所形成的。使物体凝聚和浓缩的是冷，而使物体稀薄和松弛的是热。气逐渐凝聚而次第成为风、云、水、土、石头等物体。气稀薄化就成为火。一切事物都由于气在数量上的差别所致。正是由于气的不同程度上的浓厚化或者稀薄化，所以才有各种不同的东西出现。

世界也在呼吸

记者：我听人们说你主张物活论，物活论是不是主张万物有灵啊？

阿那克西美尼：我从未明确说过万物有灵，但是在我看来，万物的本原，也就是气既是呼吸，也是生命，灵魂即是气，气就是灵魂。我总觉得世界也在与人一样呼吸。信不信由你。

记者：知道你的意思了。

4 “万物皆数”

——对话毕达哥拉斯

引　子

泰勒斯毫无疑问是西方哲学第一人，但有一个人与其基本齐名，甚至可以说不相上下，他就是——毕达哥拉斯（Pythagoras，约公元前 572—前 480 年）。

毕达哥拉斯生于小亚细亚海滨的萨摩斯岛，因为他不满该岛的僭主波利克拉底，年轻时就离家出走，他曾游历埃及、巴比伦等地。40 岁时，毕达哥拉斯移居意大利南部小镇克罗顿，在那里他积极参与城邦政治，一直到公元前510年在一场暴力叛乱中被驱逐出境为止。

随后，毕达哥拉斯又迁居到附近的城邦麦塔庞顿，于公元前6世纪与前5世纪之交离世。毕达哥拉斯在克罗通创立的“毕达哥拉斯同盟”是第一个真正意义上的学术团体，据说，“哲学家”一词的第一发明人就是毕达哥拉斯。

最早的“日心说”

记者：**16世纪波兰的哥白尼出版了《天体运行论》一书，这本书说哥白尼第一个提出了“日心说”理论，而据柏拉图说，你的徒弟在公元前好几百年就提出了“日心说”，有这事？**

毕达哥拉斯：我创立学术团体的目的与柏拉图、苏格拉底不同，他们反对研究自然，反对研究宇宙，而我则主张研究自然科学的价值要远远高于研究什么人啊、政治啊、正义啊的价值。不了解自然，不了解宇宙，你就根本不可能弄清楚人，你就根本不可能弄清楚政治和正义这些东西。

记者：说说“日心说”吧。

毕达哥拉斯：我的学术团队对自然科学的研究涉及数学、天文学、生理学、医学等领域。我知道，公元前5世纪的阿尔克迈恩善于解剖动物，通过解剖，这位仁兄发现了把眼睛和大脑联系起来的视觉神经，同时还发现了把耳朵与嘴巴联系起来的欧氏管。

记者：这么厉害？

毕达哥拉斯：不仅如此，阿尔克迈恩还据此提出了舌头是味觉的器官，大脑是神经的中枢的结论。

记者：厉害！还有别的吗？

毕达哥拉斯：在数学方面，我的徒弟们提出2的平方根既不是奇数也不是偶数，因而首次发现了数学中的无理数。

记者：说说“日心说”。

毕达哥拉斯：稍微博学一点的人说是古希腊亚历山大里亚时期萨摩斯人阿里斯塔克斯最早提出了“太阳中心说”。

记者：阿里斯塔克斯的生卒时间是什么时间？

毕达哥拉斯：大约在公元前310年到前230年。

记者：你是说你的徒弟提出“日心说”的时间竟然比这位阿里斯塔克斯还要早？

毕达哥拉斯：是啊，大约要早好几百年。那时候人们普遍认为地球是宇宙的中心，而我的徒弟们通过反复观察提出，地球不是宇宙的中心，地球是绕着宇宙中心的“中心之火”运转的。不仅是地球，还有太阳、月球、行星也都围绕着这个“中心之火”运转，其轨道是最完善、最神圣的几何图形——圆形。你看看，这不是“日心说”是什么？

记者：不完全一样，但说到这个程度，已经是很了不起了。

毕达哥拉斯：其实呢，刚才我的表述是有些问题的。

记者：什么问题？

毕达哥拉斯：即使在最古老的人类哲学中，也都是认为太阳居于宇宙的中心。

记者：闻所未闻！

毕达哥拉斯：如果你去查查菲洛劳斯的著作，如果你去查查柏拉图的著作，如果你去查查阿那克西曼德的著作，你就会相信我说的话，“日心说”在古代就并不是少数人的见解，而是一个古老的共识。晚一点也行，我建议你去罗马看看罗马皇帝努马·庞皮利乌斯建立的那个圆形的庙宇你就会明白我说的话。

记者：这个庙宇是干什么用的？

毕达哥拉斯：供奉太阳神，太阳高居宇宙的中心。

“万物皆数”

记者：通过把你们毕达哥拉斯学派与米利都学派和其他诸如赫拉克利特等人的学术观点进行比较，我发现你们这个流派的特点很明显。

毕达哥拉斯：愿闻其详。

记者：别人在宇宙和世界的背后看到了物质，当然也有人看到了精神，而你的学派却不看这些东西。

毕达哥拉斯：是的，我们更看重数。

记者：唯物主义看到的是物，唯心主义看到的是心，也可以说前者看到的是肉，后者看到的是灵，你们是数学家，所以你们就看到了数。我听说过关于现代哲学家——罗素先生的一个故事……

毕达哥拉斯：什么故事？

记者：罗素的家庭是一个贵族之家，他从小就被关在家里学习，很少与外界接触，因而觉得孤独异常，有一次竟然想到自杀，但是因为想到心爱的数学，竟然放弃了自杀的打算，难道数学真有这么大的魔力吗？

毕达哥拉斯：或许是吧。如果我们是一个厨师，或者干脆是一个音乐家，或许看得更明白，更清楚。

记者：如何说？

毕达哥拉斯：你随便翻开一个菜谱，你就会发现，菜谱中不仅包含着各种配料，还包含着各种数的应用，这就是配方，各种配料组合在一起，比例不同，做出的菜品就不同，口味就不同，因此，是数的不同决定着菜的不同。同样，对一个音乐家来说，具体说就是对一个弹奏一种我们叫作里拉琴的音乐家来说，长的琴弦发出的声音与短的琴弦发出的声音就不同，因此，同样也是因为数的不同决定着音乐的不同。再例如……

记者：快说啊。

毕达哥拉斯：再例如，一块金属的颜色与其温度的“数”也有关联。常温下，金属的颜色是黑的；当你把金属加热到一定温度时，金属就会变成暗红色；如果继续加温到一定程度时，金属就会变成橙黄色；到了极端高的温度时，金属就会变成蓝白色。是不是？

记者：好像还真是如此！看来金属的颜色与其温度之间确实存在着一定的函数关系。

毕达哥拉斯：那是自然啰。

记者：宇宙中，不同星体颜色各不一样，说明其温度各不相同，是吗？

毕达哥拉斯：是的，所以，我们把数看成决定世界性质的根本因素。

记者：在你们数学家的眼中，数简直就是神一般的东西。

毕达哥拉斯：是的，数是宇宙的灵魂，音乐、天文学是神圣的，数也是神圣无比的。

“宇宙秩序”

记者：在音乐世界中存在着某种和谐，是不是在我们的宇宙世界中也存在着这种和谐呢？如果有的话，宇宙中的和谐与音乐中的和谐一样吗？

毕达哥拉斯：是的，音乐中存在着某种和谐，宇宙中也存在着某种和谐。

记者：是这样？

毕达哥拉斯：对。和谐在宇宙中是无处不在，无时不有，这种和谐就是人们经常说的“宇宙秩序”。例如，各个天体之间就存在着某种和谐，宇宙天体在运行时，如一切运动中的物体一样，各自都发出特殊的高低不平的音调，而这些音调又由于各个天体之间的距离的不同，而形成一种和谐的关系，与音乐里的音程相类似。

记者：难道人们通常说的天籁之声就是这么形成的？

毕达哥拉斯：是啊。琴键之间的和谐带来的是优美的音乐，同样，各个天体之间保持和谐的距离，必然带来优美的天籁之音，神秘而美妙。

美德也是一种和谐

记者：你说宇宙中的各个天体之间存在着某种和谐，是不是意味着这些天体之间存在某种精神甚至是情感上的感应和默契？是不是意味着这些天体具有某种生命性的东西？

毕达哥拉斯：这是你说的，我没说。

记者：这种和谐也适用于人伦社会吗？

毕达哥拉斯：是的。人间的美德也是一种和谐，友谊就是一种和谐，健康是和谐，善也是一种和谐。

5 宇宙是独一无二的

——对话克塞诺芬尼

引 子

苏格拉底之前的希腊哲学大体上可以分为几个时代，第一代是以泰勒斯和毕达哥拉斯为鼻祖，而公元前6世纪和前5世纪之交毕达哥拉斯的死，与公元前494年米利都的被毁，终结了苏格拉底之前古代希腊哲学的第一个时代。而随着克塞诺芬尼，尤其是巴门尼德、芝诺等人代表的意大利南部的爱利亚学派走向历史舞台，古希腊哲学进入第二个时代。这个学派的最大功绩就是提出了“存在”这个西方哲学中最重要、最基本的哲学概念。今天笔者与之对话的是爱利亚学派的第一个代表人物——克塞诺芬尼（Xenophanes），他的出生时间是在公元前6世纪末到公元前5世纪末之间，他的理论可以归结为三个字——“一神论”。

“博学但并不真有智慧的人”

记者：柏拉图说你是爱利亚学派的代表人物，你出生于意大利南部的爱利亚？

克塞诺芬尼：不是的。真正能够代表这个学派的是巴门尼德，他出生在爱利亚。我只是这个学派的最早的领袖人物，但是我知道，我的功绩与影响是绝对不能与巴门尼德相提并论的。我出生在伊奥尼亚的克洛村，我是阿那克西美尼的弟子。

记者：历史书上说，波斯人入侵你的家乡伊奥尼亚，你在青年时期就离乡背井，到处流浪，还说你以卖唱为生，是吗？如此凄惨！

克塞诺芬尼：是的。

记者：所以你就流落到爱利亚？

克塞诺芬尼：基本如此吧，往事不堪回首。

敢把神灵拉下马

克塞诺芬尼：我依据自己的研究提出过人是从土和水中产生出来的；我提出过不要神化彩虹，所谓的彩虹并不是神灵，而不过是一团看起来有各种颜色的云彩而已；我曾经在西西里岛进行过考古……

记者：有何惊天动地的发现？

克塞诺芬尼：当然有，鱼化石，我的最大爱好就是搜集研究各种鱼类化石。当然啦，也不仅仅是鱼类化石，也包括其他化石。

记者：好习惯。

克塞诺芬尼：全世界到处乱跑，我发现：海贝既可以在内陆找到，也可以在山地找到；我在叙拉古的露天矿场里发现了鱼类和海藻的印记；我在马耳他发现了各种海洋生物的平面形状的化石。此外，在帕罗斯的一块岩石深处，我发现了干月桂叶的印记。

记者：什么叫月桂叶？

克塞诺芬尼：一种具有特殊医用价值的树的叶子，这种树就是月桂。通过研究我提出了今天的陆地不过是过去的海洋。

记者：听你这么一说，你还真有两下子。还有什么高见？

克塞诺芬尼：一些人认为人类之所以有葡萄吃，是因为有神的恩赐，而在我看来，这是胡说；一些人把火的发现归结为普罗米修斯的奉献，而在我看来，这同样是胡说，火不过是人类在农业技术活动中不断积累发现出来的……

记者：在那么早的年代，你就有如此多的真知灼见，确实不简单。赫拉克利特的说法错了，你不仅博学，而且有智慧，在这点上，你与赫拉克利特不相上下。

神：来自人类的想象

克塞诺芬尼：赫拉克利特是一个追求完美的人，自然对人对己都是极端苛刻的。在他的眼中，伟大的毕达哥拉斯是“博学但并不真有智慧的人”，伟大的赫西阿德也是“博学但并不真有智慧的人”，他说我也是这样的人，因此我并不觉得蒙受什么委屈。

记者：听说你对所谓的多神论和所谓的神人同形同性论并不感冒，是吗？

克塞诺芬尼：呆头呆脑的凡人们总是幻想着神是诞生出来的，它会与人一样穿着凡人们穿的衣服，并且有着同凡人一样的容貌和声音。

记者：大诗人荷马和剧作家赫西阿德认为人与神一样，同样有若干种类的丑恶行为，如神也会偷盗，也会奸淫，也会欺诈，我想你也不会同意他们的看法吧？

克塞诺芬尼：自然。普通人不可能了解真正的神灵，因此他们只能根据自己的形象去创造出属于自己的神灵。例如……

记者：例如什么？

克塞诺芬尼：非洲埃塞俄比亚人造出来的神，其皮肤是黑的，鼻子是扁的；特拉基人造出来的神，其眼睛是蓝的，头发是红的。因此，假若牛、马、狮子有手，并且能像人那样用手作画和塑像的话，它们也就各自照着自己的样子，而造出他们所崇拜的神来。

记者：有点意思，我赞同你这个非常精彩的论断。

6 “人不能两次踏进同一条河流”

——对话赫拉克利特

引　子

赫拉克利特（Heracleitus, 公元前540—前480年），他出生于古希腊爱奥尼亚的爱菲斯（Ephesus，小亚细亚），一个典型的贵族哲学家，其父母均属豪门大户，门第显赫。赫拉克利特本人则世袭奉祀农业女神的祭师高位。不过，赫拉克利特是真正的“粪土当年万户侯”，他将职务让渡给他的弟弟，而自己则云游天下，或躲到爱菲斯的神庙里撰写自己的哲学著作。

所有谈及赫拉克利特的人，都异口同声称呼他是一位“哭泣的哲学家”，他的所有画像无一不是拉长着脸。这一点，与德谟克利特给人的印象截然相反。

不仅如此，我们的哲学家对一切都感到绝望，尤其是对人类。在他的眼中，精英阶层循规蹈矩，软弱无能；而大多数人则都是坏的，目光短浅，道德沦丧，丝毫不知道按照他指引的逻辑（逻各斯）体系行事，因而没有任何前途。

但就做人与做学问本身而言，赫拉克利特堪称人类的楷模，斯多亚学派拿赫拉克利特来引经据典，马克思、恩格斯对其理论推崇备至，拉沙尔为赫拉克利特专门撰写传记，就连尼采这样藐视一切生灵的人都对他顶礼膜拜，他对赫拉克利特的颂扬超过任何人。

走进这样一个人的心灵深处，会是一件其乐无穷的事情，对谁都是有益的。

不明不白的“死”

记者：你是尼采的偶像，尼采在当代可是风光无限。尼采，病态的傲慢，他的眼中除了希腊酒神狄奥尼索斯外，就是他自己了。他既然如此仰慕你，你当肯定也是一位绝顶智慧的哲学家了。我问你：人生的最高境界当是什么呢？

赫拉克利特：生得光荣，死得伟大！

记者：俗了一点。

赫拉克利特：依你高见，这种所谓的最高境界应该是什么呢？

记者：生得明白，死得明白。

赫拉克利特：你达到这个境界了吗？

记者：对于我，如何来到这个世界上，我的父母早就清清楚楚告诉我了，因此我生得明白。至于死，时间还没到呢，或有若干年的等待，我想我的后代们会告诉我的。因此，我基本上已经达到一半的境界了。你呢？

赫拉克利特：我出身名门，我出生时，各种各样的服务都是非常周全的，家庭的档案也是一清二楚的。因此，就生而论，我的境界与你差不多。至于死……

记者：犹豫干吗？

赫拉克利特：那也是清清楚楚的。

记者：既是清楚，那我就得问你问题若干，希望你顺顺当当予以回答。

赫拉克利特：“洛阳亲友如相问，一片冰心在玉壶”。

记者：谁告诉你这两句中国古诗？

赫拉克利特：中国古诗古词，名扬天下，谁不知晓！

记者：普鲁塔克说你一生都是病怏怏的？

赫拉克利特：说来话长，我这人平时很注意养生，例如，我不吃肉，也不吃豆子。

记者：那你平时吃什么呢？

赫拉克利特：没事，或者说只要有时间，我就喜欢到山里转悠，这样就可以避开人群，人身上浊气太重，与这些臭不可闻的人在一起，久而久之，你就会得病的。

记者：所以你就隐遁山林，过一种“采菊东篱下，悠然见南山”的神仙日子，关键是效果如何？感觉好像也不是尽如人意吗？

赫拉克利特：悔不该当初……

记者：当初如何？

赫拉克利特：不吃肉，不吃豆子，导致营养不良，导致我得了水肿病，害得我不得不回到城市里，回到浊气弥漫的人间来治病。

记者：听说医生们给你开的单子很损！

赫拉克利特：是的，医生要我整天用牛粪把自己捂住，这样我就不得不整天待在牛圈里，与那些更加浊气熏天的家伙们在一起。

记者：想想都让人觉得恶心，听说你正是在医疗的过程中一命呜呼的？

赫拉克利特：是的。

记者：具体是如何死的？听说有若干种说法？

赫拉克利特：是的，哪一种说法都让人恶心。

记者：但说无妨。

赫拉克利特：一种说法是：用牛粪把我围住，本来是想借助牛粪的热气把我体内有害的毒水吸干，但是由于这些牛粪是湿的，害得我因窒息而死。

记者：粗心大意的医生们！把你活活闷死，实在是庸医无疑了，应该追究他们的法律责任，你不是经常说“人民应当为法律而战斗，就像为城垣而战斗”吗？你为你的权利到法庭上去了吗？

赫拉克利特：那是普通人干的事情，我是一个贵族，犯不着。当然，这也不能全怪医生，因为这种治疗方法比较简单，好多时候是我亲自用牛粪把自己捂住的，到底是因为医生疏忽大意，还是因为我自己的过失，实在也是说不清楚的。

记者：如是这种情况的话，就不能怪医生了，你还算豁达的。

赫拉克利特：得饶人处且饶人！

记者：还有什么说法？

赫拉克利特：一种说法，牛粪太干，是太阳活活把我晒死的，你知道爱奥尼亚的太阳是很毒的。

记者：爱奥尼亚的太阳毒不毒我不知道，我只知道，你活活被太阳晒死，也太惨了！还有别的说法吗？

赫拉克利特：窘于启齿！

记者：人都死掉了，有什么不能说的。

赫拉克利特：由于朋友们没能把那些牛粪从我身上剥下来，结果导致我变得不成人形，一些狗儿活活把我咬死。

记者：最凄惨的一种说法，这种可能性似乎最大！

赫拉克利特：你什么意思？

记者：我研究过关于你的著作残篇，好像是第97个残篇是这么写的："狗儿们向它们不认识的人狂吠"，我真没想到，这些狗儿们不仅敢于狂吠，而且还敢于咬死人！

赫拉克利特：原来如此！普天之下，最凄惨的人当是我无疑了，你说我能高兴得起来吗？求你不要再说这件事了，再说我又要哭了！快说别的吧。最好谈哲学。

一团“永恒的活火”

记者：好，现在开始谈哲学。

赫拉克利特：你先说。

记者：也行，就从世界的本原说起吧。你们希腊人最喜欢刨根问底，不达目的决不罢休。

赫拉克利特：在我们希腊人看来，哲学就是智慧之学，你连世界的本原都搞不清，还奢谈什么哲学呢？

记者：在泰勒斯看来，世界的本原是“火”；在阿那克西曼德看来，世界的本原是“阿派郎”；在阿那克西美尼看来，世界的本原是“气”。那在你看来，世界的本原究竟是什么呢？

赫拉克利特：那是一团物质性的火，那是一团永恒性的活火，那是一团理性的火。

记者：有点高深，不妨说得细一点。

赫拉克利特：其实很简单，我们所在的这个宇宙和世界，对一切存在物来说，都是一样的。

记者：怎么是一样呢？

赫拉克利特：它不是任何神所创造出来的，也不是任何人所创造出来的，它过去、现在和未来都永远是一团永恒的活火，在一定的分寸上燃烧，在一定的分寸上熄灭。

记者：这是一团物质性的火，这个永远燃烧的活火，没有一刻是静止的，也不会停止，而会永远地燃烧下去。是吗？

赫拉克利特：是的。

“分寸”就是“逻各斯”

记者：那按照你的观点，宇宙并非神所造，并非人所造，而是火创造出来的？

赫拉克利特：是的，火化育万物，万物归于火。

记者：那火是通过什么具体路径创造出世界的呢？

赫拉克利特：从理论上讲，其路径大体上有两种。

记者：说说第一条路径是什么？

赫拉克利特：一个路径：万物是通过火的浓厚化或者稀薄化来促使万物的产生，又重新分解为火。具体而言就是，这个转化过程包括“上升的运动”和“下降的运动”两种情形。

记者：何谓“上升运动”？又何谓“下降运动”？

赫拉克利特：土溶解变为水，水蒸发变为气，气干燥后变为火，这个土——水——气——火的过程，就是一个不断上升的过程，故我称之为“上升运动”。

记者：那“下降运动”又是何等情形呢？

赫拉克利特：反之则是，难道不好理解？

记者：好理解，好理解。那第二条路径是什么？

赫拉克利特：第二个路径就是火这个本原性的元素与其他各“亚”元素，如气，如水，如土之间直接相互转化。

记者：直接相互转化？

赫拉克利特：这有什么不好理解的啊！那就是：火毁灭自身生气，气凝聚生水，水凝结生土。反过来说也行。

记者：我似乎明白你的意思了，你的意思就是说：无论是哪一种转化形式，有一点是明确的，那就是火生成万物，万物复归于火。

赫拉克利特：我的那些残篇著作说得也是清清楚楚啊，“一切转为火，火又转为一切，犹如黄金换成货物，货物又换成黄金”。

记者：说得明白，很清楚了。不过我还想问你一个问题：我研究过经济学，货物与黄金之间虽然可以进行交换，但这种交换绝对不是随意的，一定量的货物换取一定量的黄金，不同的货物，其间交换的比例也是不一样的。那是不是意味着，火与各种元素之间的交换也遵循着一定的规律呢？

赫拉克利特：是啊，我说宇宙在一定分寸上燃烧，在一定分寸上熄灭。这里的“分寸”就是我说的那个规律，就是火与各种元素之间进行交换必须遵循的那个比例，这个比例，这个秩序，就是我们将要谈到的“逻各斯”。

“逻各斯”乃世界之魂

记者：你的著作残篇中经常提到“逻各斯”这个词，这个词是什么意思？

赫拉克利特：所谓的“逻各斯”，与你们中国文化中的“道”一样，都是极端神秘而很难把握的东西。

记者：谁都无法认识“逻各斯”吗？

赫拉克利特：也倒不是，因人而异。

记者：因人而异，什么意思啊？

赫拉克利特：一类人，距离主导宇宙的理性之火最远，他们都是浑浑噩噩的愚昧之辈，他们永远是睡眼惺忪，永远睡不醒，这类人的灵魂之窗永远是被堵住的，他们只能依靠呼吸而与自然保持联系，但对“逻各斯”永远是不知其所以然。一类人，虽然是觉醒的，但都是普通人，芸芸众生，他们利用可怜的理性思考的能力来把握世界，但对“逻各斯”的把握依然是只见树木而不见森林，至多都是一些皮毛。

记者：那什么人能够把握“逻各斯”？

赫拉克利特：非我莫属！唯有我们这些哲学家，当然也包括你啦，距离像火一样的“逻各斯”最近，因而从中得到的温暖自然也最多。

记者：神叨叨的，难道“逻各斯”真是神吗？

赫拉克利特：“逻各斯”是神，是奥林匹斯上的神灵。但是你说他是宙斯，是雅典娜，都不是；他是神灵，但他又不是神灵中的某一个。

记者：那作为“逻各斯”，它具有什么特征呢？

赫拉克利特：有四大特性：客观性、公共性、共同性、普遍性。

记者：何为客观性？

赫拉克利特：所谓客观性，是指“逻各斯”这个东西，是永恒存在着的，即使人们对它毫无所知，但它仍然存在，也就是“逻各斯”是不依赖于人的意志而存在的。

记者：何为普遍性？

赫拉克利特：普遍性，也就是公用性，是指万物根据这个“逻各斯”而产生，万物都严格遵循“逻各斯”。

记者：那何为公共性呢？

赫拉克利特：公共性，是指“逻各斯”是“人人共有的东西”，是万物顷刻都不能离开、每天都会遇到，因而能够指导一切的东西。

记者：你说来说去，到底什么是“逻各斯”？你直截了当地给个定义吧。

赫拉克利特：你问我，我问谁？

记者：如此为难你？

赫拉克利特：总之，这个问题不好用“一言以蔽之”的办法来解决。在斯多亚学派那里，“逻各斯”是世界理性、命运，一种神秘的宇宙力量；在新柏拉图主义者和后来的基督教神学那里，“逻各斯”就是造物主，就是上帝，就是精神实体；在你说的那个黑格尔那里，“逻各斯”就是概念，就是理性，就是绝对观念，就是绝对精神。至于到底是什么，你我且聊且悟吧。

记者：用印度哲学的语言来说，这个“逻各斯”，就是“梵”；用我们中国哲学的语言，“逻各斯”，或许就是一种“道”吧。

赫拉克利特：道？

记者：是的，就是道路的“道”，也是门道的“道”，也是道理的“道”。与你说的“逻各斯”一样，神秘得很，不是三言两语就能说得清楚的。我最近认识了一位一辈子都在研究“道”的大专家，他的大名是肖钢先生。

赫拉克利特：水平与你比，如何？

记者：他给我一本书，书名是《帛书〈老子〉破译报告（上部）》，上海三联书店出版的，标准的学术著作，我的书大多是闲言碎语，谈不上学术性，不可比。

赫拉克利特：难得你对中国人的书有如此评价。他是如何解释“道”的呢？

记者：他也没解释，通过肖先生的书，我发现，1972年长沙马王堆西汉三号墓出土的帛书版《老子》对“道”是这样说的：“道，可道也，非恒道也；名，可名也，非恒名也。无，名天地之始也；有，名万物之母也。故恒无欲也，以观其妙；恒有欲也，以观其徼。两者同出，异名同谓。玄之又玄，众妙之门。”

赫拉克利特：叽里哇啦说什么呢？求求你，用你们的白话文翻译一下可否？

记者：也行。如果把这段话翻译过来就是：能够说出来的道理，不是什么永恒的道理。能够表达出来的概念，不是什么永恒的概念。不能称呼的世界原始状态，是天地的开始；能够称呼的世界状态，是万物的根据。所以，要经常从无形处观察世界本源的奇妙；要经常从有形中观察世界本源的表现。有形与无形，本是同根同源，只不过是叫法和称呼不同而已。两者都很玄妙，是玄妙中的玄妙，是众多玄妙的总章。

赫拉克利特：谢谢！有点这个味道。你们东方的哲学在“逻各斯”问题上，与我们还真有异曲同工之处呢。

记者：是啊，“逻各斯”，一个幽灵，鬼魂一样的幽灵，上帝一样的幽灵，真是世界之魂啊！

赫拉克利特：你的归纳或许是对的。唯有最优秀的灵魂，也就是唯有那那些最有智慧的人，才有可能去把握“逻各斯”。

记者：提到灵魂，我看过你的两个残篇，一个曰：“你们尽管走遍了所有的道路也不会发现灵魂的限度；它具有如此深的一个‘逻各斯’”；一个曰：“灵魂具有一个自我增长的‘逻各斯’”，神叨叨的，令人费解，能否请你解释一下这两个魔咒一般的残片碎语？

赫拉克利特：你问我，我问你？我建议你不要再企图去解开“逻各斯”这个咒语了，不求甚解最佳，理解如下几点大概就OK了。不怕你不高兴，我明确告诉你，你是一个勤于思考的人，历经数年磨炼，最终打造出来一个属于自己的体系，是绝对没问题的，但天地之间有些真谛，有些大真理，不是靠勤奋能够悟出来的，而是需要天赋。

万物流变，无物常驻

记者：正因为我是一个非常普通的读书人，所以我才要你释疑解惑啊。请你举出几个与“逻各斯”相一致的命题，并予以诠释一下，应该是有可能的吧？

赫拉克利特：只能说是差不多相一致。既然你不达目的决不罢休，那我告诉你几个命题吧。第一个命题就是“人不能两次踏进同一条河流”。

记者：我从小就会游泳，多少年就在家门口的那条河里游泳，那条河叫作蔷薇河，怎么能说人不能两次踏进同一条河流呢？我可是数百次，甚至说是数千次踏进了同一条河流。

赫拉克利特：普通人都会像你一样思考问题，我问你当你游泳的时候，水是死的，还是活的？

记者：我不知道水到底是死是活，但有一点是可以肯定的：水是流动的。

赫拉克利特：既然水是流动的，那么当你下一次再到这条河游泳的时候，你遇到的水是不是完全不一样的呢？

记者：这是当然，“流水不腐，户枢不蠹”，如果每次水都是一样的，那水就会变臭的，我就不会去游泳了。

赫拉克利特：既然你每次来的时候，河里的水都不一样了，那么这条河严格来说就不是原来那条河了，你虽然是在同一个地方下水去游泳，其实你面前的河流已经是个全新的河流了。所以，人是不能两次踏进同一条河流的。

记者：你想说明什么大道理呢？

赫拉克利特：那就是：万事万物永远处于不停的运动变

化之中，万物流变，无物常驻。

记者：依照你的说法，我可以说人一次也无法踏进同一条河流，当我下水的时候，这一分钟遇到的水与下一分钟遇到的水就不一样，这一秒遇到的水也与下一秒遇到的水不一样。

赫拉克利特：你这话不是没有人说过。

记者：有人说过？谁啊？

赫拉克利特：克拉底鲁。

记者：何许人也？

赫拉克利特：我的门生。他的原话是：万物永远处在运动变化之中，这是绝对的，这是绝对普遍的一个规律。在这个世界上，万物都在变化，没有一个事物是固定不变的存在。他还说，没有人能够两次踏进同一条河流，实际上人连一次都无法踏进同一条河流。在这个宇宙和世界上，没有什么存在，有的只是生成，只是永恒的变化。因此，作为人，面对恒变的世界，最好什么都不要说，只需动动手指就可以了，因为你一旦说出来，这个东西就不是你说出来的那个样子了。

记者：是不是夸张了许多。例如，现在的你是你，一小时后难道你就不是你了？

赫拉克利特：也倒是。下面再说这个永恒变化的背后机理吧？

对立统一与万物一体

记者：万物恒变的原因到底是什么呢？

赫拉克利特：对立面的统一与相互转化。

记者：对立统一？例如德国的一位哲学家黑格尔，最敬佩你的对立统一理论，还有好多好多的人，都把你看作是什么辩证法的开山鼻祖。我不明白，既是对立，黑就是黑，白就是白，怎么又会是统一的呢？为什么说对立统一是万物恒变的原因呢？我看过你的残篇，一会儿是“分离”，一会儿是“汇合”，一会儿是“和谐”，一会儿又是“不和谐”，一会儿是“是”，一会儿又是“非”，一会儿“黑”，一会儿“白”，一会儿“上坡”，一会儿“下坡”，表面上似乎很高深，我看好多不过就是无聊的游戏，人们说天下哪有什么辩证法，我看一点不假，统统都是诡辩法。

赫拉克利特：别激动！再激动，你一个如此理性的人都变得语无伦次了。我问你：你看过我哪些残篇，你就说我是诡辩法？

记者：“必须理解，彼此分离之物是如何汇合在一起的，不协调之物是如何协调起来的”，这是你说的吧？“就像弓与琴彼此统一起来一样”，是你说的吧？“不可见的安排比可见的安排更为有力”，是你说的吧？

赫拉克利特：是的。

记者：平心而论，你的这些话多多少少还是站得住脚的。不过，有些话却是越说越邪乎。例如，“起点与终点是同一点”，是你说的吧？“不朽的即有死的”、“有死的即不朽的”，是你说的吧？“我们存在又不存在”，是你说的吧？“压榨器里的直纹与曲纹是同一条纹路”，是你说的吧？“上坡路和下坡路是同一条路”，是你说的吧？“海水富有营养，又有毒”，是你说的吧？“哈德斯与狄奥尼索斯是同一个神”，是你说的吧？

赫拉克利特：你列举的那些话都是我说的，我对这些话负责。

记者：对立者何以能成为一家呢？

赫拉克利特：就宇宙和世界的最终意义上来看，就是一个东西，不存在什么矛盾和对立。我举一个最简单的例子，你说某一段路是上坡，另一段是下坡，其实上坡和下坡，都是对特定的某一个人而言，离开这个人，就不存在这个区别。再说啦，一段路对你是上坡，而对另一个人可能是下坡。简而言之，任何对立都是一种表象，也就是一种来自主观感觉的表象。存在就是存在，哪有什么所谓的对立与矛盾！万物是一体的，这才是根本。作为表象的对立，就是统一于这个绝对的“一体”。

记者：你一会儿说万物归于一体，一会儿又说运动才是根本，到底如何理解你的意思？

赫拉克利特：很简单，所有存在都是一个东西，这个东西的本质就是运动，就是生成，永恒的生成与灭亡就是一切，一切的矛盾与对立，都是针对特定观察主体的一种表象而已。人们之所以会出现矛盾和对立这类概念，说到底是由于人在不同精神状态下对于世界的感觉不同而已，人在黑夜中就没有上下左右的概念，自然也就不会有上下左右这些矛盾的存在。人在精神病状态下，好坏善恶的概念自然也与常人不同。

战争：万物之父，万物之王

记者：关于对立统一，是不是就谈到这里，再说也说不清楚，因为清楚不清楚，正确不正确，也是一个统一体，清楚的或许是不清楚的，不清楚的或许是清楚的，对的或许就是错的，错的或许就是对的，战争就是和平，和平就是战争，一切都在流变，所有概念都是一个概念，一个概念或许就代表所有的概念。说来说去，只有一个结果，就是头昏脑涨，如坠五里雾中。

赫拉克利特：既然你感到头昏脑涨，感到如坠五里雾中，那我们就说点具体的事情。你既然提到战争，那我们就说说战争如何啊？

记者：我看可以，不过我希望不要说战争就是和平，和平就是战争。

赫拉克利特：开玩笑，咱们一本正经谈战争吧。

记者：战争就是你死我活，战争就是血肉模糊，你能给战争赋予什么哲学意义呢？

赫拉克利特：你死我活、血肉模糊，这是一般人对战争的印象，我一开始也是这么认为的，但后来觉得这样来看待战争未免太过表面。

记者：说说你的观点。

赫拉克利特：一个社会，就如同你我的身体，其中堆积着无数的垃圾，如果任由这些垃圾存在下去，垃圾势必越来越多，以致最后堵塞我们的血管，阻塞我们的心灵通道，我们的身体就会腐烂掉。

记者：怎么办呢？

赫拉克利特：扫帚不到，灰尘自然不会自动逃走。要摧毁这些阻碍社会进步的落后的毒素，就必须诉诸战争，新的社会、新的国家，只有通过战争，才有可能出现。某种意义上讲，没有战争就没有一切。

记者：所以你说“战争是万物之父”、“战争是万物之王”？

赫拉克利特：是的。

记者：战争是不是也有正义与非正义之分呢？

赫拉克利特：对于什么是正义、什么是非正义，我没有研究过，没有思考过，我就知道，战争让一种人成为神灵，让一种人成为自由人，让一种人成为奴隶，同时……

记者：同时什么？

赫拉克利特：同时，战争也让那些为此生命流逝的英烈成为人神共祭的神灵，他们也将因此而永垂不朽！

大多数人都是坏的

记者：谈战争与谈哲学，很累很累，还是说点更轻松的如何？

赫拉克利特：行。

记者：听说你出身政治世家，也有后人把你列为“政治哲学第一人”，但你对政治似乎不感兴趣？

赫拉克利特：政治是个好东西，作为一个政治人物，你衣食无忧，你威风八面，你为所欲为，你……

记者：政治的好处显而易见，无数人为之抛头颅、洒热血，如果那东西不是个好东西，谁稀罕它呢？但你为何把到手的爵位让予他人呢？

赫拉克利特：政治也是不洁的东西，一旦你沾上它，你就难以洁身自好了，你也就变得不洁了。对我而言，我不缺钱，也没有什么事情要求人，我去搞那不洁的政治干吗？

记者：嗯。

赫拉克利特：与其和政客为伍，不如与儿童在一起做做小猫钓鱼一类的游戏。与其置身政治泥潭，一天到晚钩心斗角，尔虞我诈，不如浪迹天涯，拈花惹草。

记者：我还听说，虽然是贵族出身，但是你却看不起那些纨绔子弟，是吗？

赫拉克利特：你用纨绔子弟来形容我们这些贵族，实在是太过偏激。不过，我对那些贵族人士也并不看好。

记者：为什么？

赫拉克利特：这些贵族人士，只知道死记硬背荷马的诗歌，荷马的诗粗制滥造，实在不值得学；他们只知道死记硬背赫西阿德的《神统记》，你要知道赫西阿德只是一个不学无术的江湖骗子而已；他们只知道死守传统的宗教，只知道死守陈腐的规章制度，一句话，故步自封，抱残守缺，不能与时俱进。这种人领导城邦，城邦怎么能进步呢？

记者：是啊，所以希腊的民主很管用，治理国家还得依靠民众的大多数啊。

赫拉克利特：我不同意你的观点，贵族群体虽然毛病甚多，但只要有一个是优秀的，就够了。至于广大的人民，都是一群瞎子，一万个瞎子也赶不上一个眼睛好的人，同样的道理，一万个普通人，也赶不上一个智勇双全的智者。再说了，大多人都不是好东西，这些人一天到晚考虑的就是自己的一亩三分地，毫无公心，因此国家的治理千万不能依靠这些人。所谓的民主，都是祸国殃民的东西。

记者：你对民主为何如此仇恨？

赫拉克利特：爱菲斯的那些民主派们，他们把城邦中最优秀的人——赫尔谟多罗予以放逐，还胡说人民中不应该有什么最优秀的人，如果有这样的人，就应该让他们到别的地方去，去别的人那里。你说荒唐不荒唐？

记者：如果真是如此，那这些所谓的民主派还真是有点问题。那你口口声声说"人民要为法律而战"是什么意思，一般人还真误认为你特别看重人民呢？似乎人民是维护法律的基石似的。

赫拉克利特：天大的误会。何谓法律？法律就意味着遵从一个人的意见。

记者：你对法律的理解竟然是这样？那你说人民要为法律而战斗，意思是说人民要为独裁而战斗，真是对法律的嘲弄。

赫拉克利特：并非如此。在我的心目中，法律是神圣的，法律是上帝为我们这些低俗的人类制定的戒律，超越自然，也超越人为制定的那些清规戒律。

记者：你的心，我的明白。

……

7 万变皆是幻觉

——对话巴门尼德

引 子

巴门尼德（Parmenides），出生于公元前5世纪意大利的爱利亚，此人生于一个显贵而富有的家族，他早年的志向就是要成为一名政治家，据说他曾经为其故乡城邦提供了一部非常出色的宪法。后在毕达哥拉斯学派的阿曼尼亚斯的说服下，巴门尼德放弃政治，闭门研究哲学。

据说，巴门尼德是克塞诺芬尼的学生，是芝诺的老师。其出生时间尚难确认，但其鼎盛时期基本确定是在公元前5世纪上半叶。

赫拉克利特主张“万物皆动说”，柏拉图与亚里士多德主张有些事物是运动的，有些事物是静止的。而巴门尼德则说：万物皆是不动的，这个“不动”并非相对的“不动”，而是绝对的、永恒的“不动”。这就是那真正的“存在”。

我不是“诗人”

记者：亚里士多德说你是克塞诺芬尼的学生？

巴门尼德：从理论上讲是如此。

记者：啥子意思？

巴门尼德：从思想的延续性上看，我确实是克塞诺芬尼的学生。但是你应该知道，克塞诺芬尼住在科罗封，而我住在爱利亚，爱利亚在那不勒斯南约70公里处，与科罗封更是相距甚远，关键是我的年龄比他小几十岁，我不认识他，他也瞧不上我这个娃娃，我根本没有机会拜在他的门下，去研究学习他的思想。因此我仅仅是他理论上的学生，而非如一般人所讲的真正的学生。

记者：克塞诺芬尼喜欢写哲理诗，听说你也喜欢写诗？

巴门尼德：我们那个时代与你们不同，你们动不动就是长篇大论，动不动就是鸿篇巨制，我们那时没有纸张，无法随时记下自己的思想，因此只能用口口相传来研究事物，传播思想。诗，短小精悍，易于记忆，绝对不是你们当下人的那种卖弄风骚。

记者：无论是与你差不多时代的古人，还是我们现代人，对你的文学才能评价都不高。

巴门尼德：我也知道自己的诗写得比较笨拙，也有点晦涩难懂，你知道什么原因吗？

记者：原因何在呢？

巴门尼德：我要告诉你，首先我是一个业余的科学爱好者，我知道启明星就是黄昏星，我知道月亮的光来自太阳的照明，我还知道月亮与地球一样都是球形的。我是个哲学家，但是我不是文学爱好者，我不是诗人，诗不是我们所需要的，表达思想才是目的。我要把那些新奇、困难而又高度抽象的哲学观念塞进诗歌的韵律之中，这样的诗歌必然晦涩难懂。

记者：似乎有点道理，说到底，还是你的文学能力欠佳。

巴门尼德：诗歌与音乐能力属于天赋，哲学是后天思考的产物。诗歌都是短小精悍的语句，不可能提供大段大段的论证，因此，好多人看我的诗歌，虽然不乏一些庄重感，但往往觉得是丈二金刚摸不着头脑，总感到陷入迷雾之中难以逃脱。

邂逅苏格拉底

记者：据说你曾经在雅典遇到苏格拉底，并还进行了非常友好的对话，有这事吗？

巴门尼德：应该有这事。我是带着我的学生芝诺一起到雅典旅游，在大街上我们遇到了苏格拉底，在我的记忆中，苏格拉底很年轻，干劲十足，思维活跃得很，雅典有这样的人是一种福气。

记者：你知道苏格拉底对你的评价吗？

巴门尼德：不知道，如果你能告诉我的话，我会非常感激你的。

记者：苏格拉底的原话是“对于巴门尼德我特别尊重。因为就我看来，试用荷马的话来说，他乃同时是可敬和可畏的人；因为我曾经与此人有过接触，并且曾经听到过他的美好的演说”，他还说你“有一颗深邃的心灵”。

巴门尼德：得到他如此不错的评价，我知足了。

记者：那你们具体谈论了一些什么问题呢？

巴门尼德：除了哲学，我们不可能谈论别的问题。

感官是靠不住的

记者：人们认识世界，首先是必须通过诉诸眼耳鼻舌身，去把握外部世界，离开感官，人们就无法感知世界，也就是说，感官、感觉是我们认识世界的必经路径。但是赫拉克利特却不相信感官能提供任何正确的世界图像，你的看法如何呢？

巴门尼德：感官是靠不住的，因此，感官给我们提供的世界图像完全是虚幻的，也就是说认识世界，不能依靠感官，不能依靠感觉。

记者：这么一说，你是赞同赫拉克利特对感官的看法？

巴门尼德：是，也不全是。

记者：是怎讲，不是又怎讲？

巴门尼德：说是，就是说我同意赫拉克利特否定感官证据的做法或者说观点，说不是，就是说如果更进一步研究感官问题，我们彼此的观点又是不一样的。

记者：不一样在哪呢？

巴门尼德：赫拉克利特说，人们通过感官获得的世界图像，不过是某一种永久存在的幻影。请你注意，幻影二字，不是真的存在，是幻影！

记者：幻影的背后是什么？

巴门尼德：你问得好，幻影的背后是火，火代表着一种永无定形的变化，此时是一种形态，彼时又是另一种形态，永远没有固定的时候。

记者：酷似一种变形金刚的东西。既然这样，那我们人类如何来描述这些东西呢？

巴门尼德：赫拉克利特的认识是浅层次的，他把火看成是感官背后的某种真实，因此这种真实也是相对固定的，火再变幻无常，但也是火。人们用来描述外部世界的词语往往能反映事物的本性，因此，什么样的事物用什么样的词语来予以对应性的描述，也是具有某种固定的必然。而在我看来则不然。

记者：如何讲呢？

巴门尼德：感官完全不能为我们认识宇宙和世界提供任何帮助，这种存在根本无法用言语来予以形容，因此，凡是用语言来予以描述的东西都是随意的规定，最多算是约定俗成吧，感官是靠不住的，一切词语严格来说也是感觉的产物，自然也是靠不住的。过眼烟云，浮光掠影，不可当真。

存在就是存在，不存在就是不存在

记者：既然感觉不可能为我们提供关于这个世界的真实图像，那么我们如何来把握宇宙和自然呢？也就说我们要借助什么媒介来认识宇宙、认识大自然呢？

巴门尼德：除了理智，别无他途。

记者：理智是什么？

巴门尼德：理智就是人所拥有的超越感官借助理念来把握世界的那种能力。

记者：根据理智，依照你的看法，深深隐藏在感官世界背后的那个真正的世界是什么样子的世界？

巴门尼德：那就是存在。

记者：何谓存在？

巴门尼德：存在就是存在，不存在就是不存在。

记者：同义反复，无效的解释。到底什么是存在？是不是存在就是说这个东西出现过并且是持续性的出现，而不存在是说某个东西从未出现过，或者说这个东西虽然一度出现过，但很快就销声匿迹了。

巴门尼德：你的这个解释非常狭隘。此处所谓的“存在”是指“充实”，是指不依人的感官而存在的实体，具体来说就是指那种无须进一步具体说明的质量。而“非存在”就是指某种虚空，就是某种根本不会出现的东西，因而这种东西也是人们所不可能在思维中予以把握的东西。所以说，存在就是存在，不存在就是不存在啊。

思维与存在是统一的

记者：真有点晦涩难懂，最好请你详细解释一下。如果说你的观点是对的，那么能从你的观点推导出哪些命题来呢？

巴门尼德：从“存在就是存在，不存在就是不存在”这个理论出发，我推演出如下几个原理：第一个原理是，存在不可能有一个开端，也不可能有一个终结。

记者：依据是什么？

巴门尼德：原因在于：“存在”不可能从“非存在”中产生出来，自然也就不可能还原为“非存在”，所以“存在”就不可能有过去，也不可能有未来，它能有的仅仅是现在，因而“存在”也是连续而不可分割的。我必须予以说明的是，这里的连续不是那种时间的先后性质的连续，而是立足于现在范畴意义上的连续和不可分割。

记者：其次呢？

巴门尼德：其次，我推导出来的原理是，存在是不可分的。

记者：如何理解？

巴门尼德：存在是一种均质的东西，从时间上讲是时时都一样，从空间上讲是处处都一样。因而这种存在本质上是绝对是统一的东西，人们无法将其进行分割。

记者：其三呢？

巴门尼德：其三是，存在是静止不动的，存在是处处都与自身相同，就如同一只圆球的各个表面，因其距离处处离圆心都一样，因而处处相同，时时一样，所以不可能存在运动，是绝对静止的。

记者：其四呢？

巴门尼德：其四是，思维与存在是统一的。

记者：如何理解这个道理？

巴门尼德：既然存在就是存在，不存在就是不存在，人们所思考的东西就只能是那些存在的东西，至于那些荒谬绝伦因而不可能存在的东西，就不可能成为我们思维的对象，因此，我们说思维与存在是一致的、统一的东西。

记者：最好说得再清楚一些。

巴门尼德：行，我问你，你能不能把一个不存在的苹果放进你的口袋？

记者：既然不存在，我怎么能把这个不存在的苹果放进我的口袋里呢，除非见了鬼。

巴门尼德：那我们能不能得出这样的一个结论？

记者：什么结论？

巴门尼德：那就是，我们无法把一个不存在的东西放进我们的口袋。

记者：当然可以这样说呀。

巴门尼德：那我们能不能进一步说，能够被我们放进我们的心灵，也就是进入我们思维领域的东西，肯定是那些存在的东西；而那些不存在的东西是不可能进入我们的思维的？

记者：可以这么说。

巴门尼德：所以说，思维与存在是统一的，你明白了吗？

二元论的前兆

记者：有点明白了。我还想说，你彻底排斥感官在认识世界中的作用，似乎在你的理论中，世界只有一个，那就是理性世界，是不是？

巴门尼德：是。这就是我们所坚持的一元论。

记者：这是不是意味着你把世界分成了两个世界，一个是理性世界，一个是感性世界，柏拉图继承了你的这个理论，他把你的一元论推进到系统化的二元论。你的看似一元论的理论，其实为柏拉图的二元论横空出世铺平了道路，你同意这个说法吗？

巴门尼德：也可以这么说吧。

8 矛盾的世界与世界的矛盾

——对话芝诺

引　子

现在人们一提到悖论这个词，就会立即联想到芝诺（Zeno of Elea）。芝诺是巴门尼德的学生，公元前489年出生在爱利亚，据说他比巴门尼德年轻25岁，也有人说芝诺比巴门尼德年轻40岁。

芝诺曾经陪同他的老师到雅典访问过。就其基本的哲学内容和哲学取向来看，芝诺的哲学与巴门尼德的哲学并无二致。早已佚失的《辩驳》、《论自然》，应该属于芝诺的著作。

芝诺的死，在所有哲学家中，情节最为奇特，也由此足见其为人之无畏而勇敢。芝诺曾经参与策划推翻爱利亚的僭主——尼阿库斯，但终因计划暴露而遭到逮捕。在被审讯的过程中，芝诺谎称有特别重要的情况需要向僭主汇报，当尼阿库斯贴近芝诺时，芝诺一口咬住其耳朵，直到自己被刺死方松口。

当然，有一位作家，名字叫德米特里厄斯在其《同名名人录》中，则言辞凿凿地说，芝诺咬到的不是僭主的耳朵，而是鼻子。不过这丝毫也影响不到芝诺的英勇。就其哲学而论，芝诺不仅否认“多”的存在，而且还否认“运动”的存在，这就是他的宇宙观。

见过苏格拉底

记者： 据说你曾经见过苏格拉底？

芝诺： 是的。哪年哪月，一时回想不起来。但有一点确凿无疑……

记者： 什么确凿无疑？

芝诺： 那年巴门尼德，也就是我的恩师，65岁，我是陪他去雅典，去见苏格拉底的。

记者：听说你受巴门尼德的委托，向苏格拉底以及雅典的若干后生们宣读了你们的学术论文。

芝诺：我亲自读的。

记者：听说苏格拉底对你们的研究报告不以为然，还嘲笑你们，让你们师徒下不了台阶，是否有此事？

芝诺：全是坊间传言。

记者：事实如何呢？

芝诺：事实是：苏格拉底很有教养，除了有点年轻气盛，太想早点弄出子丑寅卯外，总体上人不错。他很敬重巴门尼德，当然对我也不错，他给我们吃的，给我们喝的。关键是，他能召集那么多的雅典青年才俊，来听我们宣读论文。你要知道，人生富贵时，最需要在乡亲们面前显摆显摆才有价值，如果穿着华贵的衣服，却是夜间回到家乡，没有几个人看见你，这多没意思啊！

记者：有点。

芝诺：同样，我们一本正经宣读论文，无人倾听，无人喝彩，也一样让人尴尬。

记者：那很多哲学史料却说，你们在雅典遭到愚弄和嘲笑，那是谁在嘲笑和愚弄你们啊？

芝诺：不是苏格拉底，是雅典的那帮年轻后生们。苏格拉底很认真聆听我们的学术报告，根据我对苏格拉底的研究，他还是很认真地吸取了我们的研究成果，从他把世界划分为理智世界与可见世界的做法，足见我们对他思想的影响。而那帮小混混则不然，动不动鼓倒掌、喝倒彩，让我们很不受用。

思想之路更可靠

记者：有好多书都异口同声地说，芝诺从来就没有自己的观点，你写文章、作报告，目的就是为巴门尼德辩护。是这样吗？

芝诺：是又咋的？不是又咋的？

记者：我只是问问，既然是这样，你要针对谁来为你老师辩护？

芝诺：自然是毕达哥拉斯派那帮徒子徒孙。

记者：他们的观点是？

芝诺：这些人被感觉和常识迷住双眼，认为事物是千变万化的，认为宇宙的本质就与他们看到的一模一样，他们是典型的感觉主义者、常识主义者。

记者：你不要乱扣帽子，依照你的理解，这些人认为感觉是知识的重要来源，人能够感觉到的就是世界的本来面目，难道不对吗？例如，我此时此刻看到你，难道这个你不是实在的你吗？

芝诺：当然不是。

记者：真邪乎！难道你不是你？难道我不是我？

芝诺：你说的这些问题都是俗人提的问题。在回答你提出的问题之前，我问你一个问题，行不行？

记者：随便！

芝诺：你如果把一粒黍米粒轻轻地从空中放下，它会发出声音吗？也就是说你能听到它的声音吗？

记者：肯定听不到。

芝诺：如果是一蒲尔的黍米粒撒到地上呢？

记者：那我肯定能听到很大的声音。

芝诺：实际上，一个黍米粒与一蒲尔黍米粒是一样的，都会发出声音，但是有的声音你听不到，有的声音你听得到，可见那是你的感觉，也就是听觉欺骗了你。因此，人们能够感觉到的，未必就是存在的；反之，人们感觉不到的，未必就是不存在的。再例如，空气你感觉不出来，可是它实实在在存在；海市蜃楼，你明明白白看见，可是它根本就不存在。

记者：也倒是！感觉难道如此不可靠？

芝诺：本来就是嘛。要认识这个世界，要把握这个宇宙，要把握整个存在，不能依靠感觉，而只能诉诸思想，诉诸理性。思想之路要比感觉之路更可靠。

大自然是永恒的

记者：你的哲学，尤其是你的辩证法，很受后代哲学家们的青睐。例如，欧洲德国的一位哲学家，黑格尔，在其皇皇巨著《哲学史讲演录》中说，芝诺的哲学虽然就其核心理念来说，与你的老师巴门尼德，还有克塞诺芬尼等人差不多，但是你把这种辩证法推进到概念和思想领域，这是很了不起的进步。

芝诺：能够看出我与我老师理论差异的人，毫无疑问是绝顶聪明的哲学家。

记者：但我总觉得你的哲学和辩证法太过诡异，有点深奥，好难理解。

芝诺：何以见得呢？

记者：我从黑格尔的书中，知道你说过这样的话，你说：“如果说有物存在，有物发生，这是不可能的”，明明白白，万事万物是存在的，明明白白，万事万物是不断发生的，你怎么能说是不可能的呢？

芝诺：此处的“物”，是特指神，特指大自然，特指宇宙，我说这句话的意思是要强调：神、大自然是永恒的，对于永恒的事物来说，是不可能存在运动和变化的，因而也就不可能有某种“存在”和“发生”的可能。

记者：跳跃性偏大了一些，最好解释一下。

芝诺：完全可以。我的逻辑解读是：如果我们说某物“发生”的话，那意味着什么呢？

记者：意味着什么？

芝诺：很明显，如果我们说某物“存在”和“发生”的话，那就意味着这个物体是从另外一个物体中产生出来的。

记者：没错。

芝诺：问题是，一个事物怎么可能会从另一个事物中产生出来呢？

记者：老母猪产崽产生小猪，刺骨寒风让小河漂满浮冰，死亡让一个鲜活的生命变成僵尸，这不是“产生”，这是什么？这不是你所谓的“存在”，这又是什么？

芝诺：用常规的眼光看确实如此，但从我们哲学家的眼光来看则并非如此。天下万物，无非两种，一种属于相同者，一种属于不同者。如果两种事物属于相同者，既然相同，必然就具有相同的规定性，既然具有相同的规定性，彼此就是对等的，也就是主体权力是完全一样，既是对等者，怎么能相互产生呢？显然不能。再说不同者，既然彼此不同，也就是说具有不同的规定性。一个事物怎么能从与其不同的事物中产生出来呢？这不是无中可以生有了吗？岂不荒唐！显然也不能。

记者：回到你之前的话题，所以你就说对宇宙、对大自然、对神来说，不存在所谓的生成，也不存在所谓的发展。一切都是永恒的，一切都是不变的。

存在者就是"一"，"多"是不存在的

记者：毕达哥拉斯学派认为存在者是多，也就是说在宇宙中存在形形色色、不一而足的"多"，而你们巴门尼德主义者似乎并不同意这个说法，能不能说说你的论证过程？

芝诺：很简单，我问你，如果我们说一个存在物是多，那意味着什么呢？

记者：就是多呗，还能意味着什么呢？

芝诺：多就意味着它既是无穷大，又是无穷小。

记者：为什么意味着它是无穷大呢？

芝诺：一个可以称之为多的事物，必然说明这个事物比

那些能够从其分离出来的事物要大，至于大多少则另当别论，大是肯定的。那就从其分离出来的事物而论，这个事物肯定又比从这个分离出来的事物中再次分离出来的事物要大，以此类推，以至无穷。所以我说这个事物是无穷大的。

记者：不能说没道理。那你为什么又说它是无穷小的？

芝诺：你把之前的这个步骤颠倒过来说就是了。一个存在物你永远能找到比它大的东西。

记者：一个存在物，一会儿是无穷大，一会儿是无穷小，这是什么东西啊？

芝诺：所以我说这个东西不存在啊。

记者：还有什么理由？

芝诺：如果我们说一个存在物是多，也就意味着这个存在物既是有限的，也是无限的，它既是会在一个空间的，又不在一个空间的。所以这个东西根本就不存在。

阿基琉斯不敌小乌龟

记者：阿基琉斯是荷马史诗中的大英雄，也是一位运动健将，但是你却提出一个所谓的“阿基琉斯悖论”，硬说我们的大英雄连一只乌龟都追不上，你这不是胡扯吗？

芝诺：请你不要带着情绪说话，你既然崇拜阿基琉斯，你就代表他说话，我虽然并不喜欢乌龟，但也不讨厌乌龟，我就作为乌龟同志的代表与你博弈一番如何？

记者：好啊！

芝诺：你是阿基琉斯，打个比方说你的奔跑速度是我的十倍……

记者：何止十倍！可能是一百倍，甚至一千倍。

芝诺：不要在这方面较劲了，这是比方……

记者：比方也得靠点谱啊！

芝诺：好，好，好，就说你的速度是我的一百倍吧。你既然是个奔跑健将，你就让我先跑半天如何？

记者：可以。

芝诺：即便你让我先跑半天，我也只能领先你 10 米远。

记者：那我们的大英雄分分钟就会赶上你的。

芝诺：你错了，你永远赶不上我的。

记者：真把我肠子都笑断了，快说，我为什么永远赶不上你？

芝诺：你我中间的距离是 10 米，你如果追我的话，肯定会先跑到你我中间一半距离的地方，然后再继续前行，是不是？

记者：当然啦。

芝诺：你跑了一半以后，你我中间的距离是多少？

记者：5 米。

芝诺：如果你追我的话，你必须还是先跑到你我中间距离一半的地方，也就是距离我 7.5 米的地方，是不是？

记者：是的。

芝诺：然后呢，如果你继续追我，你还得跑到剩下的路段一半的地方，这样一来，你永远是只能跑到剩下距离一半的地方，虽然你可以无限接近我，但是你永远追不上我。是不是？

记者：那个一半是我永远也逃避不了的点，这么一来阿基琉斯就真的追不上乌龟了？

芝诺：就是这样的。

记者：而事实上，乌龟根本不是阿基琉斯的对手。

芝诺：如果说事实，无论是阿基琉斯，还是乌龟，他们的运动都是虚幻的，都是一种根本不存在的假设。运动本来就不存在，无所谓谁快谁慢。宇宙就是一个完完整整的一，既然是一，就不可能存在所谓的运动。

飞矢不飞

记者：你说运动是一种假象，是根本不存在的东西，那我问你：我们明明能够看到一支箭、一个流弹，或者说一只鸟儿，在空中飞来飞去，怎么能说运动不存在呢？真是邪门！

芝诺：你不要激动。你这是不懂哲学人的看法，其实那些所谓的运动也是幻觉。如果我们拿着你们现代人用的照相机去给飞着的箭拍照，在每一个点，我们拍到的都是一个个静止不动的点，这些不动的点，纵使有千千万万，累加在一起也是不动的啊。所以说，运动不过是人的幻觉。

记者：我知道了，你说的这些悖论，一句话就是要告诉人们：万物都是静止的，世界就是一个整体，对一个整体而言，无所谓运动不运动，一切运动都是幻觉，是不是？

芝诺：正是。

记者：真是一个矛盾的理论。

芝诺：不是我的理论矛盾，喔，不是我老师巴门尼德理论的矛盾，而是宇宙的矛盾，而是世界的矛盾！

悲壮的“苦肉计”

记者：各种文献资料都说，巴门尼德非常喜欢你。

芝诺：是啊。我的亲生父亲是德娄泰戈拉，但他只给了我血肉之躯，真正赋予这个血肉之躯以灵魂的，是巴门尼德。巴门尼德把我视如己出，我也把他看作是我精神上的父亲。

记者：在一千多年以后，有一位科学家，名字叫作布鲁诺，他因为传播一个叫作哥白尼日心说理论而被天主教教会活活烧死。他的死，是不是也与你宣传巴门尼德的思想有关？

芝诺：撇开你说的布鲁诺是不是因为宣传哥白尼的日心说而被烧死不说，最起码我告诉你，在我们那个时代，虽然有不少人因为搞政治失败而死，但很少有因为主张某种思想、宣传某种思想而被杀死的。

记者：苏格拉底不是吗？

芝诺：空前的例外。

记者：不说别人了，扯得太远没意思。说你自己吧。

芝诺：我是政治犯，我是因政治而死，与思想无关，与学问无关。

记者：劳驾多费几句口舌。

芝诺：爱利亚的僭主——尼阿库斯是一个混世魔王，吃喝嫖赌，无恶不作，为了城邦人民的利益，我与一帮志同道合者，密谋铲除这个家伙。但是，人算不如天算，老天爷不帮忙，我们的计划被这个家伙发现。于是我就被他们抓住了。他们对我实施了各种各样的酷刑，如老虎凳、辣椒水，我都宁死不屈，绝对不出卖我的同志。面对他们的歇斯底里，我痛骂他是国家的瘟疫，人类的灾星。这个家伙气急败坏，决心把我处死。

记者：听说你临死也没有让这个家伙占什么便宜？

芝诺：你说得没错。我知道尼阿库斯要把我处死，我也想办法惩治他一下，他不是想从我的嘴里获取我的那些志同道合者的信息吗？

记者：是啊。

芝诺：于是我对他说，这些同伙的名单我只告诉他一个人，不能让别人知道，我让他靠近我，否则我不告诉他。他信以为真，就贴近我的嘴巴，我一口咬住他的耳朵，玩命地撕咬，要不是他们上来一帮人把我活活打死，我会把他的耳朵咬碎的，真的很遗憾啊！让他留了半个耳朵，我死不瞑目啊。

记者：你真是生得光荣，死得伟大！不过，关于你死亡的细节，我还收集到不少版本。

芝诺：怎么说？不至于说我故意往自己脸上贴金吧？

记者：这倒不是。

芝诺：那你说说，让我听听，我是当事人，最有发言权。

记者：有的人说你咬的不是耳朵，是鼻子；有的人说你是把自己的舌头咬碎，吐到尼阿库斯的脸上。关于你的死，有人说是被乱刀砍死，也有人说你是被放到一个石臼中捣碎而死。

芝诺：你这么一说，我还真犯迷糊了……

9 “爱”与“憎”的变奏曲

——对话恩培多克勒

引　子

恩培多克勒（Empedocles），出生于意大利西西里岛南部著名城邦阿克拉喀。他生于约公元前490年，据笔者了解，恩培多克勒是当地奴隶主民主派的领袖，但他对当官从政并不感兴趣，可以说是粪土当年万户侯，因此他对人们请求他出任城邦执政官的提议一再予以拒绝。

恩培多克勒，不仅是一位诗人、演说家、修辞学家，而且还是一位科学家，他在天文、气象、生物、生理、医学等领域颇有建树。《论自然》、《论净化》就是他的代表作，他还写过史诗，他还是几部催泪悲剧的作者。就哲学而论，“四根说”、“爱憎说”和“流射说”，是恩培多克勒哲学思想的三大板块。

关于恩培多克勒的死，有许多神秘的版本，有一个版本虽然不太吸引人，但却最为真实。那就是：恩培多克勒从西西里去了雅典，再也没有回来，他参加一个重大的庆典时摔断了腿，从此百病缠身，后来跌入大海，溺水而亡。

恩培多克勒，是希腊所属的意大利早期哲学家中最为耀眼的明珠，与他好好交流交流，不会虚度光阴。

看不见≠不存在

记者：听说你是一位搞自然研究的科学家。

恩培多克勒：米利都学派的哲学家几乎个个都是科学家，我们西西里流派里面的哲学家也是如此，个个都是科学家，没有几个像苏格拉底一样，一天到晚就是人啊、理性的生活啊、正义的标准啊，什么民主啊、专制啊。

记者：你最拿手的科学发现是什么呢？

恩培多克勒：多了去了，我的第一个科学成就就是提出一套全新的关于呼吸机理的理论，之前没有谁提出过，不是绝后，但绝对是空前。

记者：呼吸就是喘气，吸一口，吐一口，如此简单，你们这些所谓的科学家，就是爱搞这些小玩意。你的科学发现是啥啊？

恩培多克勒：我在《论自然》中提出，所谓的呼气，就是血从心房涌出，把气从鼻孔与汗毛孔中排出……

记者：那吸气呢？

恩培多克勒：吸气就是血从汗毛孔等部位退回心脏，使气可以涌进来。

记者：你说你的理论是空前的，难道你以前的人就不知道这个？

恩培多克勒：以前的人就是不知道，古人相信眼见为实，看不见的东西就是不存在，例如他们看不见空气，就认为空气是不存在的，因此呼吸在他们看来，就是嘴巴与胸部肌肉的机械运动，到底为什么要这样运动，原理是什么，没有人解释清楚。我的理论告诉人们，人之所以要呼吸是有原因的，人呼吸就是要通过不断吸入新鲜的空气，过滤空气中的有益物质，如氧气，这样一来人就可以活下去，否则就会死掉的。

记者：我是哲学家，凡事都喜欢从哲学角度来考虑，你的这个科学成就对于哲学有什么意味呢？

恩培多克勒：我知道你会提出这个问题的。人们习惯于认为凡是感官，如眼睛看不到的东西就是不存在的，依照这个思维定式来看，空气你看不见，所以空气也就是不存在的，既然空气不存在，人们也就没有对其进行研究的必要。也就是说，所有人们感觉不到的东西都是不存在的，都是不值得研究的。空气你感觉不到，因而不值得研究，原子世界你感觉不到，因而也不值得研究。思想你感觉不到，自然也不值得研究。我的科学发现说明，即使为人们所看不见的东西也是可能存在的，也是可以予以研究的，也是可以通过科学实验予以证明的。

幼稚的“进化”

记者：还有什么新发现？

恩培多克勒：我还提出过天体演化论，我对日食的解释也是别人提不出来的。

记者：说点新鲜的，最好与哲学有关，最好与人有关。

恩培多克勒：好的，你听着，地球上的各种生物都是在宇宙的某一个阶段，在“爱”与“憎”两种力量的作用下，由四种元素按照不同的比例组合而成的。

记者：又回到世界的本原问题了？

恩培多克勒：我说的是进化论。有机的生命起源于土，一开始时，土中只生出动物的各个部位，如半条腿、没有脖子的头颅，还有没有肩的胳膊、没有额头的眼睛，这些器官各自运动，到处游荡，互不联系，如孤魂野鬼一般出没在世界的各个角落。

记者：后来呢？

恩培多克勒：后来，同样是由“爱”与“憎”两种力量的作用，这些缺胳膊少腿的器官偶然组合在一起，从而造成了各种各样的怪物……

记者：都有什么？令人毛骨悚然，听你说话，我不寒而栗，后背直冒虚汗！

恩培多克勒：如：长着两个脸和两个胸膛的动物、上半截是人下半截是牛的动物，还有长着人的身体和牛的头的动物，还有半男半女的动物……

记者：不说也罢，听起来感到不舒服。

恩培多克勒：但是这些依靠偶然组合形成的怪物不能适应环境的变化，绝大多数都逐渐灭绝了。经过多次的排列组合，经过多次的自然选择，我们这些人类得以保存下来，新的动物得以存活下来。这就是进化，进化论，你知道吗？

“四根”之说

记者：一半是迷信，一半是想象！不过也多多少少与进化论扯得上点边，只是一种粗陋而幼稚的进化论。不过你刚才说什么两种力量：“爱”与“憎”，这是什么东西？

恩培多克勒：在说“爱”与“憎”之前，我先说说我的“四根”学说如何？

记者：哪四根？

恩培多克勒：你先听听我写的一首诗：一切过去、现在与未来的存在都出自这四根，树木、走兽、人类、男人与女人，空中的飞禽，水中的游鱼；还有天上众生膜拜的长生神灵。这四根都在那里彼此渗透，相互混合，形成世界的多样性。其中的意思你不会不明白吧？

记者：你这诗，我似曾相识，喔，我终于想起来了，巴门尼德，也是这种风格。你是巴门尼德的学生，是他的徒弟。你这诗，明显不是你的独创，而是对巴门尼德的模仿，猴子？你知道吗？你这是猴子般的模仿，有意义吗？哲学家没有独创性，还叫哲学家吗？

恩培多克勒：毕达哥拉斯做过我的老师，克塞诺芬尼做过我的老师，当然，你说的巴门尼德也做过我的老师。我的诗多多少少有点老师诗作的烙印，本也是天经地义、无可厚非的，绝对不是什么猴子般的模仿。判断两部作品是否是模仿，关键不在于形式，而在于内容。

记者：从内容的角度观之，你的思想与别人区别何在？我说的是那些标志性的区别，而不是表面的差异。

恩培多克勒：四根啊！何谓四根？根乃世界之本，关于世界之本、世界之源，泰勒斯偏向水，阿那克西美尼认为是气，克塞诺芬尼认为是土，而赫拉克利特认为是火，而在我看来，这四种东西都是构成世界的本原，彼此平等，并行不悖，谁也不反对谁，所以我说世界的元素并非某一种元素，而是四个，四根。

记者：你是说宇宙万物是由这四种元素，也就是你所谓之四根排列组合而来？

恩培多克勒：正是，这四根，也就是四种元素本身是不变的，它们之间是不能相互转化的，是永恒的，是永远不会变动的。但是它们可以进行排列组合，不同的排列组合构成不同的事物。例如，肌肉是由四种等量的元素所构成，神经是由火、土与双倍的水混合而成，而骨头则是两分水、两分土和四分火混合而成的。

记者：难怪说在科学上想象力比知识更重要的。不过从哲学上，你的理论也是能说得过去的，世界的本质应该是大一统的，应该是一，而不是多，但是一是从多转化而成，因此，我们也可以说世界的本质是多。这就是辩证法。

“爱”“憎”定乾坤

恩培多克勒：四根说完，再表我的“爱”、“憎”之说如何？

记者：应该如此，简单的物质层面的东西不值得浪费过多的时间，唯物主义是丑陋的，与心灵有关的力量才是最值得关注的东西。你说说。

恩培多克勒：很显然，无论是土、气，还是水、火，都是物质性的东西，基本上都是看得见摸得着的东西，但是物质的东西从其本性上讲是惰性的，也就是说没有外部力量的驱动，它们是不会动起来的。

记者：基本如此。所以你把这种力量设定为“爱”与“憎”？

恩培多克勒：是的。“爱”与“憎”这两种力量不在元素之内，而是来自元素之外。"爱"，恰如男女之间的那种恋情，它让各种元素结合到一起，形成万物。而"憎"，也叫"恨"或"争"，恰如不共戴天者之间的那种仇恨，则让本已结合到一起的各种元素彼此分离，导致万物瓦解消失。这两种力量是永恒的，以前有，现在有，未来还将继续存在，永远都不会消失。这两种力量也是普遍的，人与人之间如此，自然界也是普遍存在的。

记者："爱"、"憎"两种力量之间的斗争是否有点什么规律？

恩培多克勒：当然有啦，其运动规律是：(1) 最初，爱的力量占据优势，居支配和主导地位，爱把一切元素结合成为一体，宇宙成为一个混浊的球体，憎则被挤到球体的边缘，呈现无足轻重、可有可无的态势。(2) 后来，憎的力量加强，逐渐侵入球体的内部，而使结合起来的元素逐步分解。爱与憎的交互作用孕育造就出天下万物。(3) 再后来，憎逐渐占据优势，居主导和支配地位，四大元素完全分离开来，由四大元素结合而成的万物陆续解体，烟消云散。(4) 最后，爱的力量重新崛起，卷土重来，爱从中心扩展开来，一点点将憎的力量挤向球体的边沿，诸元素再次结合在一起，形成另一个世界，而当爱的力量达到顶峰之时，诸元素再次混合在一起，而再度成为混浊的球体。这就是一个周期，循环往复，周而复始。

并非精神实体

记者：你用爱与憎、恨、争这类明显属于精神类的名词，可见你书中所写的“爱”、“憎”都是一种精神性的东西，而不是什么物质性的东西。

恩培多克勒：何谓物质、何谓精神，何谓道德、何谓物理，我们古希腊人往往分不太清楚，因此，你说它是物质性的东西也行，你说它是精神性的东西也行。我不想去论证什么。不过，我想如果你把这种东西想象成为既是物质性的，又是精神性的东西，或许更好解释一切。不过我对此不想说太多，因为我研究不够。

记者：亚里士多德说你的爱憎理论说得不完全正确，因为有时候爱能促进事物的瓦解，而有时候憎则促进事物的结合。

恩培多克勒：我不能说我的学生说错了，我只是说这是鸡蛋里挑骨头……

10 “心灵”才是“第一推动”

——对话阿那克萨戈拉

引　子

苏格拉底坐牢时，每当他翻看早期希腊哲学家的自然哲学著作时，他就对这些哲学家时时处处喜欢用机械论来解释一切的做法感到极端的厌倦，但是当他看到一个人很另类地用“努斯”，也就是“心灵”来解释万物运动的原因时，就感到非常高兴。这个人是谁？他就是阿那克萨戈拉（Anaxagoras），希腊伊奥尼亚地区克拉佐美奈的阿那克萨戈拉。

阿那克萨戈拉生于公元前500年，死于公元前428年。他是阿那克西美尼的学生，也当过大政治家伯利克里的门客。与伯利克里走得很近，他先后在雅典活动了30年之久。当伯利克里政治上失利以后，他也曾经被以亵渎神灵罪和叛国罪被判处死刑，而被投进监狱。不过他比苏格拉底幸运，在伯利克里的斡旋和帮助之下，阿那克萨戈拉得以逃离雅典，而隐居到达达尼尔海峡的一个小地方——兰普萨库，在那里成为一个“隐士”，最终寿终正寝于此地。对于死亡的来临，阿拉克萨戈拉显得异常平静，他不仅要那些为他送终的朋友不要哭，还提出他死的那一天要给孩子们放一天假。

据说，阿拉克萨戈拉热爱他的祖国，当有人问他：“你不关心你的祖国吗？”阿拉克萨戈拉毫不迟疑地说：“我非常关心我的祖国”，但他把他的手指向了天空，指向了星星。

一场游戏一场梦

记者：我从柏拉图的《斐德罗篇》中得知，你也曾经被雅典人判处了死刑？

阿那克萨戈拉：真是可恶！他们说我叛国，说我亵渎神灵，真是欲加之罪何患无辞！说到底不就是因为我是伯利克里的门客而已。

记者：你为什么要与那些政治人物保持如此密切的联系？你这样做招蜂引蝶，给自己带来麻烦，也是很正常的事情啊。

阿那克萨戈拉：雅典的政治是一种变态的政治，苏格拉底也不就是仅仅因为在大街上批评一下政府就被判处死刑了吗？我投奔伯利克里，不是为了获取一官半职，也不是为了多弄点科研经费，也不是为了照顾哪个亲戚朋友，仅仅是为了交流演讲技巧，同时也希望自己的理论能对雅典的国家事务产生一些实际的影响，我接触伯利克里是为了了解政治，研究政治，希望为国家做点事。他接触我是为了利用我的理论去提高一下他的演讲水平。这本来是十分正常的事！

记者：政治是一种很脏的东西，这里面没有什么正常不正常的事情，成则王侯败则寇，就这么简单。流放生活如何啊？

阿那克萨戈拉：海峡边，枯草作伴，乱石为邻，生老病死，无人关切。经常是漫漫长夜，一个噩梦接着一个噩梦。如果说比死还强一点的话，那就是还可以有足够的时间去进行哲学思考。

记者：你的运气多多少少比苏格拉底好一些。那帮雅典的民主派政治人物们没有给苏格拉底这个机会。苏格拉底被判处死刑以后很快就灌进毒药害死了。

阿那克萨戈拉：我听说苏格拉底不怕死，但我怕死，我逃离雅典，躲过一死，而苏格拉底则是慷慨赴死啊！人家多潇洒啊。

记者：关于苏格拉底，你说的这些，纯属谣传，只要有一丝一毫的可能，苏格拉底也会选择活下去的。当苏格拉底感到绝望，感到一切都不可能时，就只能选择“慷慨”了。

月亮上也有人

阿那克萨戈拉：丑陋的雅典，丑陋的民主派。

记者：苏格拉底说，雅典是他心中永恒的爱，她再丑也比斯巴达那种专制好一万倍。雅典也是苏格拉底心中永恒的遗憾，如果没有这些悲剧该多好啊。苏格拉底说，他从未对雅典的神说过什么大不敬的话，他还定期去祭奠那些神灵，苏格拉底家里很穷，但花在祭奠神灵的钱在他的家庭支出中比重不小啊，但是雅典人却说他亵渎神灵，绝对是无中生有。他们对你也以亵渎神灵罪处罚你，到底是为了什么？

阿那克萨戈拉：仅仅是因为我议论了天体。

记者：什么情况？怪怪的。快说给我听听。雅典人怎么了？

阿那克萨戈拉：我写过一本书，名字叫《自然》，在这本书中我说太阳是一团燃烧着的炽热的石头，我也说过太阳比伯罗奔尼撒稍大一些，我还说宇宙之外还有别的宇宙，月亮与地球一样，上面也有“人”居住，这些“外星人”的智慧水平丝毫不比你我差；我还说陨石是从太阳上掉下来的石头；我还说天体上的物质与地球上的物质一样，天体的性质与地球的性质是一样的；我还说月光仅仅是日光的反射，我还用月影遮住地球和地影遮住太阳来解释日食和月食，我还对银河、对大地、对地震、对闪电、对冰雹说了很多很多……

记者：就因为这些，雅典人就判处你死刑？

阿那克萨戈拉：是的。雅典人制定了一部法律，法律说不信多神宗教、对天体妄作推测的人就是亵渎神灵，就是犯罪。他们就是根据我的书说我妄议天体，说我不敬神灵。

记者：无知的雅典，但愿智慧之水及早沐浴雅典人无知的心灵。

神奇的“种子”

阿那克萨戈拉：别说这些伤心事如何？你我都是哲学家，都是热爱智慧的人，本不该在多愁善感中耗尽自己的元气，说说哲学吧。

记者：好啊，就来说说你那神奇的“种子”理论吧。

阿那克萨戈拉：你也知道我的“种子”理论？

记者：你说宇宙中的万事万物都是由“种子”构成，亚里士多德在他的《形而上学》，卢克莱修在他的《物性论》都说你理论中的“种子”是某种“同素体”、“同质体”，也就是说，你说的所谓“种子”，都是“相同的部分”，这种解释你同意吗？

阿那克萨戈拉：他们的诠释与我的本意基本相同。

记者：具体说说你的“种子”理论吧。

阿那克萨戈拉：我的“种子”理论大体上包括三层内容：第一层内容是说，宇宙万物是由“种子”这种物质微粒所构成，“种子”是构成宇宙万物的“最初的元素”，“种子”具有各种不同形状、颜色和气味，“种子”在数量上是无限的，在体积上是无穷小的，因此，各种各样的事物都不是由与自己相异的“本原”变化而来的，恰恰相反，这些事物都是由各自性质相同的“种子”所构成的。

记者：听你们这些自然哲学家谈哲学，我觉得很累，一天到晚就是大自然啊、宇宙啊！眼面前的事情不去研究，人的问题不去研究，政治的事情不去研究，全是些上不着天，下不着地的玄乎乎的问题。不过既然我们已经打开这个话题，谈谈也不是不可以。不过为了让我不至于瞌睡起来，你多举些例子说说比较好。

阿那克萨戈拉：当然可以。我说任何一种事物都是由与其性质相同的“种子”构成，例子有：头发是由具有相同性质的头发的“种子”所构成，骨头由许多小骨头所构成，肌肉由许多小肌肉所构成，这些小骨头是“种子”，小肌肉也是“种子”，血液自然由许多血液的“种子”所构成，金子由金子的“种子”所构成，土地由土的“种子”所构成，火由火的“种子”所构成，雪也是由雪的“种子”所构成，水也是由水的“种子”所构成的……

记者：我明白了，各种不同的事物都是由与其性质相同的“种子”所构成的，相同的“种子”构成相同的事物，不同的“种子”构成不同的事物。难怪亚里士多德和卢克莱修说你的“种子”是“同素体”，是“同质体”，是“相同的部分”。继续说你的第二层的内容如何？根据我的观察，世界上的物质绝大多数都是混合型的，黑中有白，黄中有蓝，土中有水，石中有草，这个如何解释呢？

阿那克萨戈拉：第二层理论就是来回答你的问题。

记者：洗耳恭听。

阿那克萨戈拉：太初之时，宇宙是由无数无穷小的“种子”所构成的混合物，那时不可能分清各种各样的事物。到了后来，各种不同种类的“种子”从这原始的混合体中分出，异者相离，同者相聚，从而形成各种各样的事物，构成一个有秩序的宇宙。

记者：异者相离，同者相聚？

阿那克萨戈拉：是的。但是，这种分离和相聚也是相对的。

记者：什么意思？绕来绕去的。

阿那克萨戈拉：我的意思是说，从原始的混合体中分出的物体也是混合的，各种“种子”并不是纯粹地、孤立地存在的，不同的“种子”也经常以不同的性质、形式、颜色和味道而并存在一起。正因为不同的“种子”往往并存在一起，呈现混合态势，因而白雪融化了经常会变成黑水，热火之后会变成冷灰，甜酒会变成酸性物质，人们吃了食物之后会长出头发、血液和肌肉。

记者：也就是说所有物体的性质都是混合型的，那么我们如何还能够区别这些食物呢?

阿那克萨戈拉:这个很好解释。万物虽然都是混合的,但这并不意味着取消了事物之间的质的区别,因为每一个事物中总有某些性质暂时占据优势。各种事物彼此性质上的区别和种类上的差异,则取决于构成该事物的各种“种子”中占据优势的“种子”的性质。

记者:我明白你的意思,你是说一个事物之所以是某个事物,是由构成该事物的各种“种子”中占据优势的“种子”的性质所决定的。但是因为每个事物中又同时包含其他性质的种子,因此这种事物又具有其他事物的性质。一个事物既可以说是该事物,又可以说不是该事物,而是其他事物。物质世界的多样性与统一性由此而产生,也由此而得到解释。

阿那克萨戈拉:世界是“多”,也是“一”。“多”就是多样性,“一”就是统一性。哲学家就是哲学家,你归纳的这些我都同意。那我继续说我的第三层内容好吗?

记者:好啊。

阿那克萨戈拉:希腊人说物质会产生,也会消灭,这种说法是用词不当。

记者:为什么?我就经常这样说。

阿那克萨戈拉:我们已经说过,万物是由“种子”所构成的，而“种子”本身是不变的，而且这些“种子”是没有生老病死的，是从来如此的，是原本就存在的，是永远要存在下去的，因此，所有由“种子”所构成的事物也就不存在所谓真正的“产生”，同样也就不存在所谓真正的“消灭”。所谓的“产生”不过是这些“种子”的重新组合而已，而所谓的“消灭”也不过是这些“种子”的分离而已。

记者：按照你的理论，我们也不难得出这样的结论，那就是由于“种子”都是无限小的，都是无限可分的，因此，自然由“种子”排列组合和彼此分离所构成的事物也是无限的，也就是事物的“生成”与“消灭”也是永远要进行下去的，永无止境，没完没了！

阿那克萨戈拉：OK！我同意。

“心智”：“第一推动者”

记者：柏拉图可能对你说过，苏格拉底在坐牢时看得最多的书就是你的《自然》，思考最多的也是你的“心智”学说。

阿那克萨戈拉：这个我知道。我知道苏格拉底不喜欢哲学家去研究宇宙，去研究大自然。我也知道苏格拉底不喜欢我们这些希腊的自然哲学家。我也知道苏格拉底是因为看了我的书、研究了我的“心智”理论，才对我们这些自然哲学有了一些好感。

记者：是这样，苏格拉底很喜欢你的“心智”理论，但是认为你没有沿着你的路径好好把你的理论深入下去，应用下去。不过这没关系，你一会儿说“种子”构成万物，一会儿又说“心智”是一切运动的根源。这些理论如何协调呢？

阿那克萨戈拉：很好解释。刚才我们已经说过，宇宙本是原始的混合体，混沌不清，如一团浆糊，如一团迷雾，更像一团烂泥巴，只是到了后来才分离出各种事物。那么你肯定会问：是什么样的一种力量促使这种混合体逐步走向分离而使万物得以产生的呢？我在这里就来告诉你，促使原始的混合体发生分离的原因和原动力不在“种子”本身，而在于一种被称为“奴斯”的东西……

记者：“奴斯”？到底是什么怪物？

阿那克萨戈拉：不是什么不阴不阳或者什么龇牙咧嘴的怪物，“奴斯”只是一种读音而已，它的真实含义就是“心灵”，也叫“心智”，我看也能叫“智慧”，一些人说这种东西就是“思想”，就是“意识”而已，我看也差不多，大同小异。

记者：请你讲讲，“心智”，也就是你说的“奴斯”是如何一步步促使原始的混合体发生分离而造就万物的呢？

阿那克萨戈拉：“奴斯”，以一种神奇的力量，驱使着原始的混合体发生奇特的涡旋运动，也就是旋转运动。这种涡旋运动先是从某个小点开始，然后逐步扩大，正是在这不断扩大的涡旋运动中，稠密与稀薄分开，热与冷分开，明与暗分开，干与湿分开，也正是在这不断扩大的涡旋运动中，星辰的旋转、太阳的旋转、月亮的旋转、空气的旋转，还有清气，也就是一些人说的“以太”的旋转得以出现。

记者：你是说万事万物都是因为“奴斯”的驱动才得以产生的？

阿那克萨戈拉：是的，我的《论自然》写得清清爽爽，明明白白。你看我是这么写的：“当心灵开始推动时，在运动中的一切事物就开始分开；心灵推动到什么程度，万物就分开到什么程度。这个涡旋运动和分离作用同时又造成了事物的更强烈的分离”，“这个永恒的心灵，也确实存在于其他一切事物存在的地方，存在于周围的物质中，存在于曾经与那个物质连在一起、又从那里分离出来的东西中”。

宇宙似乎在大爆炸

记者：根据你的运动理论，我觉得我们所在的宇宙似乎处于不断的膨胀之中，你说是不是？

阿那克萨戈拉：是这样的。无论何时，无论何地，宇宙都是处于不断的扩展之中，扩展就是膨胀，过去如此，现在如此，将来也是如此。宇宙之所以从一个宇宙衍生出若干个宇宙，道理就在这里。

记者：在现今的物理学界，“大爆炸理论”得到越来越多科学家的一致认同，很多人说恩培多克勒是达尔文进化论的思想先驱，而你则是宇宙大爆炸的理论鼻祖。

阿那克萨戈拉：受之有愧，不过能为后人所关注，作为一个哲学家，我感到很自豪。

“奴斯”：物质的还是精神的？

记者：我明白你的意思，你绕来绕去，就是想说明这样一个道理，那就是“奴斯”，也就是“心智”是造就宇宙万物的“第一推动力”。不过我问你一个问题，我估计你回答不上来。

阿那克萨戈拉：说吧。

记者：“奴斯”有长度吗？

阿那克萨戈拉：没有。

记者：“奴斯”有宽度吗？有高度吗？有质量吗？有重量吗？有体积吗？

阿那克萨戈拉：都没有。

记者：没长度，没宽度，没高度，没体积，没重量，没质量，天下竟然还有这样的东西吗？

阿那克萨戈拉：当然有，它就是“奴斯”，就是“心智”。“奴斯”是一种与万物相分离、完全不同于物质性的“种子”的独立存在的东西，说到底，它不是物质，而是一种能量，一种看不见、摸不着，但却能驱动一切的能量。

记者：不管你同意不同意，在我看来，一个没长度、没宽度、没高度、没体积、没重量，没质量的东西就是一种不存在，你说这种东西就是“奴斯”，“奴斯”就是这种东西，难道天下竟然存在一种不存在的东西，存在就是不存在，不存在就是存在，岂不是很荒唐吗？

阿那克萨戈拉：没长度，没宽度，没高度，没体积，没重量，没质量，这些是“奴斯”的特征，但是并不等于它完全是子虚乌有的东西，它只不过是一种“最细、最纯”的东西。

记者：不管有多细，有多纯，它毕竟是一种东西，因此，在我看来，你说的所谓精神性的“奴斯”其实是一种既具有精神性，也具有某种物质性的东西。

阿那克萨戈拉：我不能同意你的推论，“奴斯”绝对不是物质性的东西。

记者：不争了吧。如果你说的是对的，在这个世界存在三种东西：一种是没有精神性的物质，死气沉沉、呆头呆脑的，你说的“种子”似乎就是这种东西，如果没有“奴斯”的作用，它或许会如已经死了一万年的乌龟那样，永远趴在那一动不动；一种具有精神性的物质，如你如我如花鸟鱼虫，如那些乱蹦乱跳的蚂蚱，也如那些乱喷毒汁的蛇蝎之类；一类就是纯粹的精神性的东西，来无影，去无踪，看不见，摸不着，如风不是风，像雨不是雨，似雷又非雷，似电不是电……可能吗？

阿那克萨戈拉：也许有可能，也许不可能，看来在你我的知识范围内，这个问题是说不清了，你我不必着急，后来者必然远远高明于你我，我们就期待他们来回答这个问题吧。

“异类相知”

记者：关于宇宙的那个本原，大可不必太认真，对于我们这些哲学家来说，把人自身的问题搞清楚才是根本。

阿那克萨戈拉：其实，什么是人的问题，什么是宇宙的问题，往往是分不清楚了。有时候，你搞清楚了宇宙问题，你也就搞清楚了人的问题；同样，你搞清楚了人的问题，你也就搞清楚了宇宙问题。

记者：宇宙是宇宙，人是人，两者风马牛不相及。

阿那克萨戈拉：似乎不是如此。不过我们不争这个了。那你说的人的问题是什么呢?

记者：老问题，我问你，人如何去认识世界，人如何去认识你自己，或者说，人对外界的认识到底是如何产生的?

阿那克萨戈拉：关于这个问题，我也没有做过更多的研究。我的看法也很简单，首先，人的认识，也就是人类对于外部世界的知识，是来自人的感觉，而人的感觉是由客观事物物体作用于人的感觉器官而产生的。你应该知道，我们的感觉器官，如眼睛、鼻子、耳朵、手、脚等，与外部的客观事物一样，也都是由一定成分和性质所构成的物体。外部物体只有当其构成成分与性质与我们的感觉器官的构成成分不相同的时候，我们的感觉器官才会对外部世界产生感觉，产生认识，人类是通过热去感知什么叫冷，通过咸去感知淡，通过苦去感知甜。总之是通过与感觉器官不一样性质的对立面的东西去认识事物，去把握事物，去认识世界。

记者：也就是说，人类是通过感觉器官去认识一切，只是来源于感官？

阿那克萨戈拉：也不尽然，感觉的能力有时候是非常有限的，例如，对于万物之源的“种子”，我们就感觉不出来。例如当我们吃面包的时候，我们能够感觉出来的就是面包的颜色、水分、大小、咸甜，但是在这些面包里面隐含的“种子”，也就是含有人体所由之构成的头发、血管、肌肉、神经等“种子”，我们就感觉不出来的。

记者：那我们依靠什么去感知那神奇的“种子”呢？

阿那克萨戈拉：唯有理智，唯有理性。

记者：何谓理智？何谓理性？

阿那克萨戈拉：也就是人类所拥有的超越感觉器官而能认识万物之本源的那种悟性，那种能力。

11 万物的本原:“原子”和“虚空”

——对话德谟克利特

引　论

德谟克利特（Democritus），出生于公元前460年，卒于公元前370年，他是原子论的鼻祖——留基伯（Leucippus）的学生。

德谟克利特的故乡阿布德拉，是希腊北端爱琴海沿岸色雷斯地区的一个工商业城市，当时属于希腊人的一个殖民城邦。据说，他的父母非常富裕，堪称贵族之家。因此，德谟克利特所继承下来的自然也是一笔巨大的遗产。为了获取知识，德谟克利特的足迹遍布埃及、巴比伦、波斯和雅典等地，据说德谟克利特对他访问的国家并不感冒。他曾经说过这样一句话，那就是自己宁愿去探寻一种独一无二的科学解释，也不愿去出任波斯国王。德谟克利特为此耗尽万贯家财。

根据阿布德拉当地的法律，一个人如果将祖上财产耗尽而不事生产，应被驱逐出境，幸亏德谟克利特当着乡亲们的面朗读了他所创作的《宇宙大系统》，家乡政府官员才没有追究他的责任，把他驱逐出境，不仅如此还给了德谟克利特一笔钱，为他竖立雕像，继续支持他进行研究，到其死亡时，还为他举行隆重葬礼。这个民族对知识的推崇由此可见一斑。

马克思、恩格斯称赞德谟克利特是“经验的自然科学家和希腊人中第一个百科全书式的学者”。德谟克利特的著作约52种，内容涉及哲学、逻辑学、天文学、数学、物理学、生物学、医学、心理学、伦理学、教育学、语言学、修辞学、艺术、技术、军事学等。文德尔班把德谟克利特与柏拉图、亚里士多德并列为“三位伟大人物”，是“古代思想的代表人物”。不管别人如何评价德谟克利特，在笔者看来，在所有哲学理论中，德谟克利特所提出的原子论是最具科学形态的哲学理论。当然在提到德谟克利特的时候，一定不要忽略留基伯的价值。

不过据说柏拉图对德谟克利特是恨之入骨，为什么呢？笔者对德谟克利特的访谈不妨从此开始。

柏拉图"焚书"为哪桩？

记者：根据第欧根尼·拉尔修考证，柏拉图曾经说要把所收集到的你的著作全部烧掉，只是因为有人劝告才改变主意，是否确有此事？

德谟克利特：我看过拉尔修的著作，关于柏拉图要烧我书的事情，不是出于第欧根尼·拉尔修的考证，而是来自阿里斯多克森《历史回忆录》里面的记载，具体有没有这件事确实很难说得清，但根据我的感觉，柏拉图是会做出这种事来的。

记者：何以见得？

德谟克利特：天下没有无缘无故的爱，也没有无缘无故的恨，但柏拉图对我的憎恨，完全是因为学术上的原因，与私人情感无关。

记者：你是说你们在思想层面存在某种冲突和分歧？

德谟克利特：是的。

记者：具体体现在什么地方？据说亚里士多德对你可是情有独钟啊。

德谟克利特：我与柏拉图之间的冲突与矛盾，也就是柏拉图与亚里士多德之间的矛盾与冲突。柏拉图构筑起哲学体系是建立在抽象思辨的基础上，他是抛弃和否定感觉经验的。而我与亚里士多德一样，是诉诸历史和经验的。道不同，不相为谋，所以柏拉图要烧毁我的书。

记者：即便如此，我想柏拉图也不应该如此行事，学术研究，当允许百花齐放，提倡百家争鸣，怎么能因为观点不同就要烧人家的书呢！我估计这里面有些误会，或许是以讹传讹。

德谟克利特：希望如此，希腊具有多元和民主的传统，柏拉图又是哲学家中的哲学家，不是一般人，他向来仇视灭杀言论自由的政府，我想也不会做出烧书这样的事情来。关于这事，建议到此为止，说点别的事情如何？

难兄难弟留基伯

记者：人们一提到原子论，就会想到你，似乎你就是原子论的第一创始人。

德谟克利特：是的。

记者：这是不是有点不公平？

德谟克利特：是的，原子论的第一创始人不是我，而是留基伯。

记者：但人们为什么总想到你，而想不到留基伯呢？

德谟克利特：你问我，我问谁？不过有一点可以肯定，柏拉图动不动就要烧我的书，他到处渲染说我的书是洪水猛兽，他说我的书就是垃圾，应该扔到爱琴海去伺候那些海鱼，你知道被这些所谓的名人骂一骂，也会成为名人的。不知道是什么缘由，柏拉图从来没有骂过留基伯，因而留基伯的名气也就没有我大。人们连留基伯的名字都不知道，还怎么可能把他与原子论联系在一起呢？

记者：言之有理，还有别的理由吗？

德谟克利特：有的。在我们那个年代，国家与国家之间发生战争，简直就是家常便饭。一会儿是希波战争，一会儿是伯罗奔尼撒战争，总之战争不断，炮火纷飞。偌大一个希腊半岛，兵荒马乱，狼烟四起，普天之下找不到安放一张平静书桌的地方。可怜的学者们，整天为一日三餐发愁，根本没有时间与财力去守护自己的研究成果，至于别的人就更加不会关注这些事情了。留基伯是我的老师，但他所处的时代要比我所处的时代差多了，他的书一本也没有保留下来，而我的书多多少少还有一些幸免于难。这样一来，人们自然就不知道留基伯是谁而只知道我了。

记者：关于留基伯，你是他的学生，或许应该会比别人能给我们提供更多的情况吧？

德谟克利特：兵荒马乱的，我也只能提供一些支离破碎的信息供你参考。我的印象中，留基伯大致与阿那克萨戈拉和恩培多克勒是同时代人，也就是生活在大约公元前 500 年到公元前 440 年之前，准不准，你自己把握。至于他到底是什么地方的人，我还是把握不准。根据亚里士多德的考证，留基伯是米利都人，后来到了阿布德拉，并在那里建立了自己的学派。根据第欧根尼·拉尔修的考证，留基伯是爱利亚人，是芝诺的学生。对这些我说实话心里也没有底。仅供参考吧。

“原子”：构成万物的基本单元

记者：在我们绝大多数人看来，任何物质都是可以无限地分割下去的，例如一把尺子，我们可以把它一分为二，接着我们可以把其一半部分继续分割下去，然后再就其四分之一部分继续分割下去，从理论上讲应该是可以无限地分割下去的。而你似乎并不同意这个说法。

德谟克利特：常识未必是正确的，而绝大多数人的意见往往是错误的。在我和留基伯看来，物质不是无限可分的，总有最后那个不可分割的时候，那个最后不可能再继续分割下去的微粒，就是我们所说的那个"atoms"，也就是"原子"，这个词在希腊语里是"indivisible"，也就是"不可划分"的意思。

记者：你能将你的观点论证一下吗？

德谟克利特：当然可以啦，不过比较拗口，涉及好多高深的数学问题，一般人听不懂。我建议你也不要纠缠这个问题。

记者：也行，你不说也罢。那我问你：原子在数量上是有限的还是无限的？

德谟克利特：无限的，数不胜数吧。

记者：原子与原子之间，在性质上是彼此一样的吗？

德谟克利特：从性质上讲，彼此完全一样，也就是说不分彼此。

记者：如果每个原子都是一样的，那么我们必然会得出这样的结论：既然所有的事物都是由原子所构成的，而每个原子又都是一样的，那么我们可以说所有的事物从性质上讲，也是完全一样的，也是不分彼此的。而在宇宙中，在你我的周围，我们显然不能相信所有的事物都是一样的这个说法，是不是啊？

德谟克利特：原子之间不存在性质上的不同，但是各个原子之间在形状、次序和位置排列上则是不同的，而正是这种不同造成了性质不同的事物。也就是说，各个事物之间性质的不同，是因为构成事物的原子具有不同的形状及其排列组合不同。

记者：那我问你，这些原子是静止不动的，还是运动的呢？

德谟克利特：它们不生不灭，过去如此，现在如此，将来也如此，这些原子处于永恒的运动状态，可以说，运动是原子的固有属性。

记者：那促使这些原子不停运动的根本原因是什么呢？也就是说这种原因是在原子的内部还是在原子的外部呢？

德谟克利特：原子运动的原因在事物的内部，而不在事物的外部。

记者：你是不是说，导致原子运动的根本原因在于原子内部所拥有的内在能量，或者是某种具有生命力的东西？

德谟克利特：或许是吧，但我对此研究不多，不好说是，也不好说不是。

“虚空”:也是一种存在

记者:关于存在与不存在,历来是仁者见仁,智者见智。赫拉克利特说存在与非存在是对立统一的关系,巴门尼德、芝诺等人则说存在就是存在,非存在就是不存在,你意下如何呢?

德谟克利特:我不同意巴门尼德的观点,我同意赫拉克利特的观点。

记者:你的观点是?

德谟克利特:我在上面已经说过,所谓原子就是指一种最后的不可分割的物质微粒,原子的根本属性就是其绝对的“充实性”,也就是每个原子都坚实充满,毫无间隙。

记者:那“虚空”呢?

德谟克利特:与原子完全不同的是,所谓虚空就是绝对空洞的空间,没有任何的“充实性”,虚空就是原子的活动空间。

记者:原子与虚空有什么共同性呢?

德谟克利特:它们之间的共同性是:都客观存在,都不可见,都无法感知。也就是它们虽然具有若干不同性,但有一点是共同的，那就是它们都是客观存在的东西，也都是一种“存在”。

记者：那你把“虚空”叫作“非存在”，非就是不的意思，“非存在”不就是不存在吗？怎么你还说它们依然是存在呢？

德谟克利特：你的问题问得好！在我看来，所谓“非存在”，并不是不存在，只是说这种存在缺乏存在所具有的“充实性”。存在并不比非存在更多存在，正如坚实充满并不比虚空更多存在一样。

宇宙是无限的

记者：你刚才说过，原子无须外力的推动，自己就可以运动。

德谟克利特：是的，一个个满天飞舞的精灵！因其能够自行运动，因而也能够自行结合和分离，也因而能够构成万物，宇宙乃因此而来。

记者：你是说这些无数的原子，宛如一个个可以随意组合的男男女女，或情投意合缠绵媾和，或反目成仇彼此分离，也正是由于这种结合和分离，造就了千姿百态、无限妖娆的世界。

德谟克利特：是的。其过程大致可以这样描述：具有各种形状、大小不等的无限数量的原子，在广袤无垠的虚空中四面八方、上下左右急剧而凌乱地发生着运动……

记者：或如我们目光所能看到的阳光下的尘埃？

德谟克利特：委实如此。这些原子彼此相互碰撞，扭缠在一起，因而形成一些涡旋。由于不同的原子具有不同的形状，有凹有凸，有沟有槽，加之其体积也有大有小，运动中这些原子于是发生了不同形式的排列组合，也因此构成了具有不同性质的事物，我再说一遍，事物的不同性质是由于原子的不同组合而形成的。

记者：知道。

德谟克利特：因此，宇宙万物的千差万别是由于它们本身的构造的不同所决定的，也就是说，是由于原子的形状、大小、排列顺序、相互位置的不同所造成的。具体说来，事物的性质如冷暖、颜色、声音、味道等的差别，都归因于原子的不同，如：黑色对应于比较粗糙不那么精致的原子；而白色则对应于那些比较光滑的原子。原子结构的变化，导致事物的形状也相应发生变化，日月星辰、天地万物的变化，无不是由于原子的结合或分离而造就的。宇宙虚空无限广阔，原子的运动自然也是无休无止、变幻莫测，这种情况下，因原子运动造就的宇宙自然也是无限的，每时每刻都有“新”的世界在诞生，每时每刻都有“老”的世界在毁灭，生生死死，永不停息。

记者：因此，我们的宇宙是无限的，我们的世界是无限的，无论是你的世界，还是我的世界，都不过是无限世界中的一个。也无论是过去的世界，还是现在的世界，抑或是将来的世界，都不过是历史长河中的一个瞬间而已。

德谟克利特：是的。

灵魂也会死的

记者：泰勒斯似乎是个泛神论主义者。

德谟克利特：是的，他说过磁石有灵魂，所以能够吸引铁。

记者：你同意他的说法吗？

德谟克利特：一家之言，不过我的看法则完全不同。

记者：你的看法是……

德谟克利特：我的看法是：磁石和铁都是由相似的原子构成的，但构成磁石的原子更精细一些，原子之间的虚空也更多一些，原子运动的能力也因而比较强一些，于是这些原子也就特别容易向铁移动，特别容易钻进铁的微粒中去，并使这些微粒动起来。而构成铁的原子，彼此之间的空隙比较小，组织结构比较紧，因此铁的原子也就向外扩散流向磁石，铁因而被拖向磁石。磁铁相互吸引的情况因而产生。

记者：你的说法有点意思。不过，泰勒斯说磁石有灵魂，这种说法是不是也没错？

德谟克利特：撇开他的观点对不对不说，在我看来，灵魂同样也是由原子构成的。

记者：这个观点很新鲜嘛，具体说说。

德谟克利特：灵魂也是由原子所构成的，这类原子与那些构成火的原子一样。

记者：什么样子呢？

德谟克利特：圆形的，光光滑滑的，非常精致，运动速度极快，也最生动活泼。

记者：有意思。

德谟克利特：这类原子聚合时，就形成了灵魂，散布于全身。而当这些原子各奔东西分散各处时，灵魂就会死亡，生命也就完结。一个人就是一个小宇宙，都是由这些特殊的原子构成，一旦这些原子各奔东西，人这个小宇宙也就不复存在了。

“卑鄙的心灵”与“不可靠的感觉”

记者：作为一个人，存在于这个世界上，总得去认识和把握这个世界，在我看来，你我面对的这个世界，太过玄奥，太过艰深，太过多变，而唯有心灵才能把握这个世界的真面目。

德谟克利特：应该是这样。

记者：但你有著作残篇，对心灵的作用不以为然。

德谟克利特：哪一个残篇？

记者：就这个残篇，你说，“卑鄙的心灵啊，在从我这里获取了你的证据之后你便抛弃了我们吗？抛弃我们于你是一次失败”，你为何要用如此不雅的语言攻击心灵呢？离开了心灵，我们如何来认识世界，离开了心灵，我们如何来把握这个世界呢？

德谟克利特：请你也不要过分在乎我的片言只语。关于人类如何去认识这个世界，我的观点依然是：感觉是不可靠的，而唯有心灵才是我们认识世界、认识宇宙的最重要的路径，也可以说是不二路径。

记者：为什么呢？

德谟克利特：所有的事物都是由原子构成的，这些物体不断向四面八方释放出原子流，那些击中我们的感官的原子流便可以同我们的感官相互作用，就促使我们产生了某种感觉。一定大小和形状的原子会作用于我们的眼睛、鼻子，视觉、嗅觉等。这就是感觉的由来。有的人眼睛不好，有的人听力不好，有的人鼻子不好，因而就是同样一个事物对不同的人而言，感觉则是千差万别的。所以我说这种来自于感觉的认识是"不合法的"。

记者：不合法的？

德谟克利特：也就是不可靠的，容易变动的，所以是不合法的。要真正把握世界，关键是心灵，关键是发自内心深处的那种理性。所以你不要以为我重感觉而轻心灵。

快乐：源自精致原子的柔和运动

记者：苏格拉底说，他之前的希腊哲学家，自然包括你一个，都热衷于研究天啊、地啊这类不着边际的问题，而对涉及人本身的事情缺乏应有的关注。

德谟克利特：人本身的事情？

记者：无非就是修身养性，无非就是齐家治国平天下呗。

德谟克利特：柏拉图是个天才的作家，如果你把他当作一个作家、一个文学家、一个散文家，而不是当作一个哲学家、一个思想家来看，或许更好一些。文学家多点想象，没坏处，但哲学家与思想家一旦想象成分多了，就不是个好兆头。就以你刚才说的这个观点来说，我们这些所谓的“前苏格拉底”哲学家，并非如苏格拉底所认为的那样，好像我们都一天到晚只顾仰望星空，而不食人间烟火似的。我们在研究自然、研究宇宙的同时，我们也在研究社会，在研究政治，在研究伦理道德，在研究人生。

记者：是吗？

德谟克利特：当然是。如果你把我的全部著作好好看看，你就会明白我说的话，我的精力一半在研究天上的事情，另一半在关注人间的事情。

记者：你的著作都是一些七零八落的碎片，我怎么看得明白呢？

德谟克利特：就是那些碎片也能说明问题。根据我的了解，你们现代人所收集到的属于我或者说与我有关的著作残篇，十之八九，谈的是人本身的事情，而谈天上事情的残篇则很少。我明确告诉你，我们这些所谓的前苏格拉底哲学家，丝毫也不比那些后苏格拉底哲学家更少关心人本身的事情。同样的道理，我也发现，那些所谓的后苏格拉底哲学家们也丝毫不比我们这些前苏格拉底哲学家们更少关心天上的事情。就连柏拉图、亚里士多德本人都是伟大的宇宙论者，都是了不起的物理学家，尽管柏拉图对我很少有褒扬的话，我也必须这么说。事实就是事实。

记者：你很有风度。

德谟克利特：人们把赫拉克利特称为"爱哭鼻子的哲学家"，而把我称为"爱笑的哲学家"，是有道理的，我尊重任何人，包括柏拉图这样口口声声要烧毁我书的人，当然，我也希望别人同样尊重我，当然，如果他对我出言不逊，那由他去吧。无所谓，真的无所谓啊！

记者：值得肯定。

德谟克利特：平心而论，每个哲学家，都必须同步关心宇宙和人本身的事情，搞不清宇宙，搞不清自然，就搞不清人间政治，就搞不清人间伦理，就搞不清与人有关的所有问题。同样的道理也是正确的，如果你搞不清人间的政治、经济、伦理道德这些问题，你也就搞不清宇宙、自然这些问题。例如人的快乐就与宇宙的构成有关……

记者：听不懂！不过我对你说的这些非常感兴趣，请细细说说人的快乐与宇宙的关系到底是什么？

德谟克利特：原子是构成万物的基本元素，宇宙如此，地球如此，植物如此，动物也如此，快乐也是如此。

记者：你是说快乐也是由原子所构成？你应当知道，人类特有的快乐有的是感官性的快乐，有的属于心灵的快乐，有的快乐很适度合理，有的快乐充满着肉欲和疯狂，难道这些完全不同的快乐，都是由同样的原子所构成？

德谟克利特：原子不分彼此，但是原子的运动形式则是彼此有所不同。适度的也就是我欣赏的那种理性的快乐，是由精致原子的柔和运动所产生的，而那种充满着疯狂物欲的快乐，则是由原子的猛烈运动所产生的。因此，原子的运动方式决定着快乐的性质的不同。

记者：你对快乐的定义似乎显示了你的价值取向？

德谟克利特：是的。我的那些著作残篇都能反映这一点。我曾经说过："不应当追求庸俗的快乐，应该只追求高尚的快乐"；我曾经说过："使人幸福的并不是占有畜群，也不在于占有黄金，它的居处是在我们的灵魂之中"；我曾经说过："使人幸福的并不是体力和金钱，而是正直和公允"；我曾经说过："人们通过享乐的节制和生活的协调，才得到灵魂的安宁"；我曾经说过："丝毫不做不适当的事"，"恰当的比例对一切事物都是好的"；我还说过："坚定不移的智慧是最宝贵的东西，胜过其余的一切"；我还说过："单单一个有智慧的人的友谊，要比所有愚蠢的人的友谊还更有价值"；

我还说过："人们比留意身体更多地留意他们的灵魂，是适宜的，因为完善的灵魂可以改善坏的身体，至于身强力壮而不伴随着理性，则丝毫不能改善灵魂"，"对善的无知，是犯错误的原因"；我还说……

记者：你不厌其烦地说这么多，不嫌累啊？

德谟克利特：我之所以要详细列举这些话，我就是要让人们知道我们这些前苏格拉底哲学家也是高度重视人自身问题的研究的。

记者：明白。还有什么话尽管说吧。

德谟克利特：我还说过："性格决定命运"。

记者：这话是你说的？

德谟克利特：当然，难道是你说的？

记者：我不是这个意思，这句话我经常听到别人引用，不知道是你说的。看来你确实是关心人自身问题的。柏拉图说你们这些前苏格拉底哲学家不关心人自身问题是错误的。

德谟克利特：你还真理解我。谢谢啦！

豪富赤贫都不好

记者：你说的那种快乐，严格来说属于精神层面的快乐，我们中国有句古话，叫“仓廪实而知礼节，衣食足而知荣辱”，也就是说只有拥有足够的财富，才可以拥有你说的那种高层次的快乐。

德谟克利特：维持一种精神上的快乐，不需要你说的那种“足够”的财富，中等财富最好。

记者：中等？

德谟克利特：是的，人不能太穷，谁都知道，人一旦贫穷，连一日三餐都保证不了，就谈不上有什么高尚的精神生活。但是，人一旦贪得无厌，一旦恨不得拥有天下所有的财富，也会走向堕落，因此，中等财富最好。不仅如此，人要拥有慈悲之心，只要有可能，对那些不如自己的人要积极施以援手，这样的人才是那种有可能拥有高尚快乐的人！

记者：明白！

12 人是万物的尺度

——对话普罗泰戈拉

引　子

提起普罗泰戈拉（Protagoras）这个名字，除了专事古希腊哲学研究的人外，恐怕没有几个人知道。但如果提起“人是万物的尺度”这句名言，那即便是普通的大学生也都会知道。

普罗泰戈拉，与原子论创立者德谟克利特是老乡，可能比德谟克利特大几岁，都是阿布德拉城人。阿布德拉是希腊人的一个殖民城邦，位于希腊北端爱琴海沿岸色雷斯地区的一个工商业城市。此君出生于约公元前481年，关于其成长情况，史料记载委实不多，只有一点确凿无疑，那就是普罗泰戈拉曾经周游世界各地，他以阿布德拉城市使者的身份，于公元前450年左右来到雅典，颇受雅典人的欢迎。

公元前444年，普罗泰戈拉受伯利克里的委托，奔赴希腊联盟的殖民地——意大利南部的图利城，帮助该城民主政府制定基本法。完成使命后，普罗泰戈拉返回雅典，最后遭到与哲学家阿那克萨戈拉同样的悲惨命运，那就是被流放到意大利的西西里岛。究其原因，是因为他的《论诸神》一书，他被起诉的罪名，则与苏格拉底被起诉的罪名一样，那就是——不敬神！

普罗泰戈拉的著作不在少数，《论真理与反驳》是他写的，《论德性》、《论神》也是他写的，还有一本很有趣的书也出自他的手笔，这本书的名字很长，是《关于收费的诉讼演说，从正反两面进行论证》。遗憾的是，除了一些残篇外，保存下来的属于普罗泰戈拉的书，统统佚失在漫漫的历史长河中。

苏格拉底曾经攻击普罗泰戈拉，说其是依靠贩卖诡辩技巧而牟取暴利的诡辩者，到底是怎么回事，我们对普罗泰戈拉的对话不妨就从这个问题说起。

一个“Sophist”

记者：听说你年轻时特别喜欢旅游，是吗？

普罗泰戈拉：是的。

记者：你到过埃及吗？

普罗泰戈拉：没有。你说埃及干吗？

记者：埃及人很崇拜你，他们还在那里为你竖起了雕塑。

普罗泰戈拉：不可能吧？

记者：完全有可能。1955 年，法国一家大学的出版社出版了一本书，书的名字是法语名字，我英语差不多，法语不行，因此翻译不出来，连蒙带猜，大概意思是《埃及孟菲斯雕塑群》，肯定不准确，真的说不清楚了。

普罗泰戈拉：这本书说什么？

记者：这本书说，在埃及孟菲斯通往塞拉皮斯的神庙的路上，有一个著名的长廊。

普罗泰戈拉：长廊？与我有啥子关系呢？

记者：这个长廊的名字叫作斯芬克斯长廊，这个名字应该是如雷贯耳吧？

普罗泰戈拉：是的。关键是与我有什么关系？

记者：别急，斯芬克斯长廊的尽头，有一堵墙，半圆的围墙。这本书说，在1851年到1854年间，考古学家们在那里发现了11座雕塑。

普罗泰戈拉：雕塑？关键是与我有什么关系？

记者：别急，容我慢慢说啊。

记者：这本书还说，人们在这堵半圆围墙东边那一面发现了你的雕塑。

普罗泰戈拉：不是开玩笑吧？除了我，还有谁，我认识的？

普罗泰戈拉：还有泰勒斯，还有赫拉克利特，还有柏拉图。

记者：如果真如此，我还是很高兴的。很感谢埃及人，他们把我列入为泰勒斯、柏拉图、赫拉克利特平起平坐的哲学家。

记者：看来埃及人很敬重你，关键是他们把你当作一个哲学家。

普罗泰戈拉：我本来就是一个哲学家啊。

记者：但据我了解，好多人不认为你是一位哲学家。

普罗泰戈拉：谁？

记者：苏格拉底是一位，柏拉图似乎也是一位，他们认为你是一位“Sophist”？

普罗泰戈拉：“Sophist”什么意思？

记者：可以翻译成为“智者”，也可以翻译成为“智术师”。

普罗泰戈拉：人们套在我头上的帽子已经好多好多了，好听一点的有“政治哲人”、“教育哲人”、“辩论之父”、“语法之父”，一般化的有“实证主义者”、“人文主义者”，还有一些如“实用主义者”、“怀疑论者”、“现象学家”、“经验主义者”、“功利主义者”、“相对主义者”，太多太多了。

记者：真有意思！

普罗泰戈拉：请你告诉我：何谓“智者”？何谓“智术师”？

记者：我不知道，但柏拉图见有说法，他在其《智者篇》里给“智者”或“智术师”下了几个定义。

普罗泰戈拉：愿闻其详。

记者：没一个好听的，你得有个心理准备。

普罗泰戈拉：说吧。

记者：柏拉图的定义，一个是：所谓智者就是“榨取富豪子弟的人”；一个是：所谓智者就是“做知识生意，即把知识当作商品来制造和兜售的人”；还有一个是，所谓……

普罗泰戈拉：你就不要再继续“所谓”下去了，柏拉图的几个定义，集中地体现了一种偏见。

记者：什么偏见？

普罗泰戈拉：“苏格拉底式偏见”，持有如此偏见的人在学术上动辄把自己的学术对手定义为某种并非如此的人，然后再故作义正词严地进行批评，以满足自己龌龊的心理虚荣。苏格拉底如此，柏拉图也是如此。

记者：柏拉图在著作中对你个人还是很尊重的。

普罗泰戈拉：不管他是否尊重我，都没有什么关系。他们师徒是什么样的人，我心知肚明。他们对所谓前苏格拉底哲学家的攻击，他们对我们这些“智者”的攻击，导致人们普遍认为那些哲学家，包括泰勒斯、阿那克西曼德、阿那克西美尼、毕达哥拉斯、克塞诺芬尼、赫拉克利特、巴门尼德，乃至芝诺、恩培多克勒、阿那克萨戈拉、留基伯、德谟克利特，等等，都不过是一些一天到晚只知道研究石头、树枝、泥土结构和成分而对人本身或自身问题一窍不通的人。苏格拉底、柏拉图对我们这些“智者”的攻击，让人们普遍认为我们都是一些贩卖狗皮膏药的江湖骗子，似乎我们除了利用传授一些辩论技巧骗取钱财外，对真理的研究和探讨毫无价值。在苏格拉底和柏拉图看来，似乎就是因为我们的存在，导致了雅典人精神上的堕落和退化，也最终导致了雅典的败落，好像我们就是雅典的罪人似的。

记者：有这么严重？那实际情况是否就是如柏拉图说的那样？

普罗泰戈拉：如果今天面对的是苏格拉底，或者是柏拉图，我会很好地与他理论理论的，但你毕竟不是苏格拉底，不是柏拉图。我也就只好直截了当表达我的态度了。我对苏格拉底、柏拉图们的做法感到很生气，不仅是我，我的那些小伙伴们都是极端地生气。你随便翻翻赫拉克利特的著作，你就会相信苏格拉底、柏拉图的说法是错误的，“前苏格拉底”哲学家们丝毫也不比苏格拉底柏拉图们更少关系政治、正义、家庭等这些问题，最起码说……

记者：最起码说什么啊？

普罗泰戈拉：西塞罗曾经如此褒扬苏格拉底：“他把哲学从天上召唤下来，把它安置在城邦内，引进家家户户，使它成为探究生活和道德、善与恶所必需”。

记者：这个评价不低啊！

普罗泰戈拉：如果西塞罗的评价是对的话，能够把哲学召唤下来的，也并非只有苏格拉底，可以说是那些“前苏格拉底”哲学家与苏格拉底一起成就了这样的伟大事业。这些哲学家们的真知灼见远远超过苏格拉底和柏拉图。我们这些“智者”对真理的关心与研究，对人本身问题的研究，也丝毫不逊色于苏格拉底和柏拉图。

记者：是吗？

普罗泰戈拉：你把“吗”字去掉，就是“是”。

记者：接着说。

普罗泰戈拉：苏格拉底对自然科学一窍不通，他智商并不高，根本不懂物理、化学和生命科学，无知者无畏啊，正是因为他不懂，他就一天到晚攻击物理、化学、生命科学没用，我问你物理化学生命科学没用吗？

记者：当然有用，没有物理化学，没有生命科学，就没有今天的科学，就没有今天的技术，可以说就没有人类的今天。苏格拉底、柏拉图说这些知识没用，似乎一天到晚纠缠于政客们之间的尔虞我诈，那倒是毫无意义的事情。

普罗泰戈拉：同样的道理，我们这些人是职业学者，我们给青年人教授文化知识，提高他们的修辞辩论水平，提高他们的品行修养，同时收取一些费用，并不过分吧，我们也是人，也有一家老小，我们不能把嘴巴吊起来去喝西北风充饥吧。对任何人，如果收费，干起事情来肯定比不收费会更加认真的。我们也要训练自己，没有必要的投入和接受教育，我们有什么资格去教授别人呢。

记者：似乎有点道理。

普罗泰戈拉：苏格拉底不比我们好到哪里去，他是一个典型的街头混混，好吃懒做，油头滑舌，不忠不孝，国家需要他担任公职去做点贡献，就是因为国家不给钱死活不去干，还自命清高自诩为要保持某种思想上的自由和独立性。他的老婆为他受尽苦难，给他准备吃的、喝的，还得为他养育子女，而他是衣来伸手，饭来张口，好像自己就是奴隶主似的。他的太太气急之下把洗碗水泼到他的头上，这是他罪有应得，活该！

记者：哈哈。

普罗泰戈拉：身教应当重于言教！像苏格拉底这样的人能教导出雅典的好青年来，一个游手好闲的人能够给人们提出什么好建议，打死我我也不相信。至于柏拉图，也好不到哪里去，他一天到晚沉迷于杜撰一些对话，他把那个街头混混苏格拉底推到前台，到处咬人，汪、汪、汪，吠声不断，把人咬伤了，他躲在阴暗而潮湿的角落里，发出丝丝冷笑，自鸣得意，孤芳自赏，阴森森的……

记者：一提到苏格拉底，一提到柏拉图，你就气不打一处来。再给你十天时间，你也不会停止对他们的口诛笔伐。

没有“智者”运动则无希腊哲学

普罗泰戈拉：我反感苏格拉底，只是因为他们的学术态度，而对他们的观点，我倒不是十分厌恶。

记者：怎么讲？

普罗泰戈拉：之前我跟你说过，在此不妨重复说一遍，西塞罗曾经说苏格拉底：“他把哲学从天上召唤下来，把它安置在城邦内，引进家家户户，使它成为探究生活和道德、善与恶所必需”。其实这句话完全适用于我们这些“sophist”。真正把哲学研究从对自然科学的关注转移到社会科学这些人间问题的，首先是我们这些“智者”。

记者：不妨细细说说，这段历史似乎没有多少人知道。

普罗泰戈拉：对最早期的“前苏格拉底”哲学家们来说，他们的主要精力，确实如苏格拉底所说的那样，是在研究大自然，在研究宇宙，在研究万物的结构，在研究万物的成分。而对社会问题也就是人自身问题缺乏必要的重视。但到了后来，这种情况则逐渐发生变化，尤其是到了克塞诺芬尼和赫拉克利特时代，他们的注意力则发生了变化，他们开始研究宗教问题，而赫拉克利特则不仅研究宗教问题，还系统性研究了政治、伦理、道德和语言学问题。可以说赫拉克利特对社会问题的研究，无论是就其广度，还是就其深度，都丝毫不逊色于苏格拉底和柏拉图，这一点我已经跟你说过。苏格拉底指责“前苏格拉底”哲学家只关心“天上”的事情，而不关心“人间”的问题，是不公正的。

记者：这与你们“智者”们有什么关系呢？

普罗泰戈拉：我告诉你：真正把“人间”问题作为一个严肃的哲学问题来进行研究，并注重把这些研究成果应用于人类实际生活的，就是我们这些“智者”们。践行“人间”问题的研究与实践，破天荒者是谁？是我们，而不是苏格拉底，不是柏拉图！

记者：嗯。

普罗泰戈拉：如果人们硬要把苏格拉底哲学说成是希腊哲学的源泉的话，那我可以说，没有我们这些“智者”，没有轰轰烈烈的“智者”运动，也就不可能有苏格拉底哲学，自然也就不可能有希腊哲学！

自然界的终结目的

记者：在一般人的心目中，你们这些“智者”一天到晚忙于教人们如何去进行政治辩论，教人们如何舌战群儒以赢得官司，似乎根本不去关心自然界的事情。我很好奇，你们就像今天的“教授”一样，拎着包到处给人上课，你们到底给人家讲些什么课呢？

普罗泰戈拉：我们讲课的内容涉及数学、天文学、语法学，我们还经常举办通俗科学讲座。在我们看来，科学的东西不应该仅仅被少数人所垄断，而应该“飞入寻常百姓家”，我们的讲座很受欢迎，你要知道，人们是自觉自愿来听我们讲课的。如果我们讲的东西，粗制滥造，是狗皮膏药一类的话，是不会有人心甘情愿自掏腰包来捧场的。你要知道，这些费用没有发票可以让你报销，政府财政上也没有这个子项。作为一个教授，你要把课讲好，自己不去研究是不行的，为此，我就特别注意研究自然，研究物理。

记者：据说你还写过一本物理学著作？什么内容啊？

普罗泰戈拉：你是听谁说的？

记者：柏拉图说过，希罗多德也说过。

普罗泰戈拉：没错，我确实写过一本研究自然的著作，书的名字是《论事物的原始状态》，要不是感谢你如此关心我们“智者”，我还真不告诉你呢。

记者：通过这本书，你要传递什么观念呢？

普罗泰戈拉：其一，人、动物，包括所有的生物，都是大自然创造出来的，毫无例外；其二，人不是从天上掉下来的，也不是从石头缝里蹦出来，而是从动物中逐渐发展过来的；其三，人优于动物，与其说是在肉体上，还不如说是在智力上；其四，人类为了自身更好地生存下去，借助于自身得自神授的理性之光，创造了语言、宗教、国家。

记者：这些观点没有什么错，不过也不是什么新鲜肉一类的东西，你最终想说明什么呢？

普罗泰戈拉：我想说明：大自然以其创造物，尤其是人类，以显示其具有某种终结的目的性，这种目的性就是追求持续地和更加美好地生存下去。

你有你的真理，我有我的真理

记者：普天之下，大概没有人不知道你的那句名言。

普罗泰戈拉：我的名言多了，到底是哪一句？

记者：平心而论，你的名言并不多，简直就是寥若晨星，屈指可数的。不过有一句能流传到 2000 多年以后，委实也该知足了。想想 2000 年以后，我的名字都不会有人记得，更何况还奢望能有一两句名言，能为人们千古传颂。

普罗泰戈拉：你到底说的是哪一句？

记者：就是那句“人是万物的尺度”。作为一个人，我为你这句名言而感到欢欣鼓舞。你贬低了神，而抬升了人的价值，应该是属于典型的唯物主义观点。

普罗泰戈拉：你一会儿神，一会儿人，把我也搞得迷糊了。我问你：你是如何理解我的这句“名言”的呀？

记者：秃子头上的虱子，那不是明摆着的吗？以前人们总是匍匐在上帝和各种神灵的脚下，与那些高高在上的神灵比起来，人都是毫无意义的空气震动而已。而你则大胆地挑战了这个所谓的传统，而把神放到人的脚下，而把人类抬高到高高的祭台之上。从此，是人主宰着世界，而不是神主宰者世界。

普罗泰戈拉：听你眉飞色舞说出这一番话，我禁不住想说一句脏话，不知可否？

记者：这是一个并不怎么干净的世界，你多说一句少说一句脏话，对这个世界的清洁度似乎没有什么影响。说吧。

普罗泰戈拉：裤裆放屁，走两岔了。

记者：什么意思？难道我对你名言的解读，与你的意思不完全一样？

普罗泰戈拉：并非一样不一样的问题，而是大相径庭，而是天壤之别，而是牛头不对马嘴。

记者：我一辈子都是如此理解你的这句话的，难道我一直都理解错了？

普罗泰戈拉：你的理解确实是错的，我的意思并非你说的那个意思。

记者：那是什么意思？

普罗泰戈拉：那句话的意思是很有意思的。在解释这句话的意思之前，我先跟你提一个人。

记者：哪位大仙？

普罗泰戈拉：德谟克利特，知道吗？

记者：当然知道！原子论的创始人之一，在他的眼中，一切都是表象，一切都是约定俗成，唯有原子与虚空是真实的存在。

普罗泰戈拉：你说得没错。在德谟克利特看来，人类无法通过自己的感官去把握世界，人的感官不可能给人类提供任何独立实在的真理性知识。

记者：好多人都是这么看的。不对吗？

普罗泰戈拉：当然不对，世界是什么样子？世界就是你我感觉出来的世界，离开感觉，人类就不可能获得任何宇宙世界的知识。但是，不同的人对同样一个事物的感觉是不一样的，例如，天热不热，不同的人感觉就不一样；一个东西甜不甜，不同人的感觉也不一样；对于同样一个商品，到底贵还是不贵，贱还是不贱，都是因人而异的。可以说，这个世界的一切方面，对于不同的人，其感觉都是不一样的。因此，在这个世界，不存在永恒不变的共性化的真理，因人的感官不同，你的真理与我的真理不一样，我的真理与你的真理不一样。也就是，你有你的真理，我有我的真理。人的感官状况与感觉能力，决定着万物的存在状况。因此之故，须臾也离不开靠感官把握世界的人，自然就成为万物的尺度了。

神啊，神！

记者：希腊人是一个迷信神的国度，任何人一旦对神表现出哪怕一丝丝的不尊重，都可能遭受灭顶之灾。

普罗泰戈拉：希腊人都知道。

记者：既然你知道，那你为什么还要亵渎神灵呢？鸡蛋不知趣，愣往石头上碰，后果如何，你是大智者，应该比任何人都明白吧。说好听点，你是愣头青，不成熟；说得不好听，你是咎由自取，自作自受。

普罗泰戈拉：真是千古奇冤，如今我是满身是嘴，也是无法昭雪自己了。

记者：你似乎有满腹冤屈，不妨说给我听听，我来帮你化解化解，最起码，可以给你些许安慰。雅典的民主政府为什么要把你打进大牢？

普罗泰戈拉：简直就是一场荒谬绝伦的文字狱！

记者：说来听听。

普罗泰戈拉：想当年，你是知道的，我曾经写过一本书，该书开头部分有一句话，乃是："至于神，我没有把握说他们存在或者他们不存在，也不敢说他们是什么样子；因为有许多事物妨碍了我们确切的知识，例如问题的晦涩与人生的短促"。

记者：明白人一眼就看出你的真实用心，明摆着，就是对神的存在表示深深的怀疑嘛，司马昭之心，路人皆知。

普罗泰戈拉：司马昭是谁？他研究什么？

记者：你不要纠缠这事了，这是一个成语，就是说你写的字面上的东西，模模糊糊，云山雾罩，令人丈二和尚摸不着头脑，但背后的意图明白人一看便知，你欺骗不了人的，小聪明使不得！

普罗泰戈拉：不管你信不信，我不是说神不存在，也没有亵渎神什么。我的意思不外乎两点：第一点，人只能用自己的感觉去把握存在，离开感觉，人就是盲人，就是瞎子，就是一块肥瘦搭配在一起的肉块而已。而面对神圣之神，人的感觉就无用武之地了，因此，神存在或者不存在，是人这种仅仅依靠感觉才能活着的动物所无法把握的。

记者：你对人类如此悲观？

普罗泰戈拉：理由我已说过，不再重复，去翻你的笔记吧。第二点，人的感觉虽然是无法把握神圣之神的，但是如果人的寿命能更长一点的话，人的感觉能力会得到很大的提高，人对神的感知或许比以前会好些。总之，神存在，或者不存在，人类无法感知，但是我没有否定神的存在。

记者：在希腊，好像有好多人都是因为神的事而被处以死刑或者流放荒郊野岭的，或客死他乡的。

普罗泰戈拉：神啊，神，因您的因素，不知道有多少伤天害理之事，得以在光天化日之下大行其道！

13 天下无真理

——对话高尔吉亚

引 子

柏拉图把自己最重要的对话篇献给了一个人，他就是高尔吉亚。

高尔吉亚（Gorgias），坊间考证此人乃希腊大哲学家——恩培多克勒的学生，生于大约公元前483年，意大利西西里岛雷昂丘城人。一位政治家、演说家、外交家，当然也还是位雄辩术家，或者叫做诡辩术的顶级高手，无人能望其项背。

公元前427年，高尔吉亚以自己城邦代表身份出访雅典，试图说服雅典助其城邦对抗叙拉古，此行外交目的是否如愿，不得而知。但有一点则是明朗的，那就是高尔吉亚在雅典国王的宫殿里，活动了很长时间，他到过奥林匹亚，到过德尔菲，到过

所到之处，高尔吉亚的周边都会聚集一群弟子，也正是利用这一绝佳机会，向他们传播自己的伟大发现：天下无真理，具体言之，就是——自以为是就是真理，自圆其说就是体系，说服就是一切，雄辩就是一切。

高尔吉亚尽管如此怀疑和敌视真理，但他还是写了一本关于光学的著作，据说对天体仪研究也很有造诣。要知详情，请看如下笔者与高尔吉亚的对话。

似乎是这样

记者：亚里士多德说过：“吾爱吾师，但吾更爱真理。”

高尔吉亚：亚里士多德是谁，我不知道。不过这句话的意思是不是说：此人虽然敬重他的老师，但一旦他发现他的老师偏离真理的轨道，他就会背叛他的老师，是这个意思吗？

记者：背叛谈不上，只是说他不会像以前那样，去热爱他的老师了。也就是说他对真理的追求超过一切。你们希腊人都如亚里士多德一样，对真理有一种鬼使神差般的执着。有的人整天琢磨宇宙的形状是什么样，有的人琢磨物质的结构什么，有的人琢磨人是一种什么东西，有的人琢磨什么样的国家是最好的国家，有的人……总之不闲着，一天到晚去研究真理，尤其是……

高尔吉亚：尤其是什么？

记者：古希腊的学者们，每个人都要绞尽脑汁地建立自己独一无二的体系。百花齐放，百家争鸣，真好！这种对真理的执着，我最欣赏。我们东方人，如印度人，中国人都做不到这一点。就以印度人来说，他们除了数千年固守老祖宗的教条外，一般很难有新鲜的创造。我们中国人也基本上是如此。另外，听说你本身就喜欢研究真理，好像研究什么天体仪，还写过光学著作，是吗？

高尔吉亚：是这样。不过自从我看了芝诺的辩证法书籍以后，我就不把这些当一回事了。

记者：为什么呢？

高尔吉亚：因为天下本来就没有真理。

无物存在

记者：听不懂。

高尔吉亚：听不懂，你就看书吧，我的书名是《论存在或论自然》，在后来者中，有一位名字叫塞克斯都·恩披里可的，在他的《反数学家》里系统介绍了我的理论，大同小异，基本差不多。我的观点很简单，就是屈指可数的三句话。

记者：哪三句？

高尔吉亚：第一句就是“无物存在”。

记者：意义何在？

高尔吉亚：我先用专业性的修辞与逻辑语言来给你解释如何？

记者：好啊。你慢慢说吧，再专业我也听得懂。

高尔吉亚：你听着，我问你一个问题，如果我们说有物质存在的话，你能告诉我这是什么意思？

记者：你说呢？

高尔吉亚：如果我们说有物质存在的话，这就意味着物质要么是永恒存在的，要么是产生出来的。

记者：两种情况中你认为哪种情况是比较现实的？

高尔吉亚：哪种情况都不现实。

记者：为什么？

高尔吉亚：任何事物都不可能是产生出来的，因为没有东西能从“存在”中产生出来，也没有任何东西能从“非存在”中产生。

记者：基本同意，你的意思是说没有事物会是产生出来。那只有剩下一种可能了，也就是物质是永恒的了？

高尔吉亚：是的，只有一种可能，也就是我们说物质存在，就意味着物质是永恒的。但事实上这是不可能的，因为根本就不存在什么永恒的东西。

记者：又为什么呢？

高尔吉亚：让我慢慢说。

记者：我不急，我想知道你是一步步论证你的观点的。

高尔吉亚：一个物质，如果是永恒的话，那必然是无限的，一个有限的事物是不可能永恒的。

记者：未必吧？永恒未必无限，无限未必永恒吧？

高尔吉亚：一个有限的事物，不会变大就会变小，因而就不可能是永恒的了。

记者：听你的，继续说。

高尔吉亚：我问你，一个无限的事物能在什么地方存在呢？

记者：你说呢？

高尔吉亚：很显然，一个所谓无限的事物，就不可能存在于一个与其自身不同的地方，也不可能存在于自身之中。

记者：为什么？

高尔吉亚：如果存在着一个与无限不同的地方的话，那就说明无限不是无限，因为既然物质是无限的，就不可能存在一个能够包容无限的地方，那样一来，无限就成为有限的了。

记者：可以这么说。既然事物无限，就不可能存在一个比无限更大的地方。

高尔吉亚：那就又剩下一种可能性了，也就是无限只能存在于与其自身一样大小的地方了，而物质自身是不存在的，因为既然是无限，就不可能是一个固定的“自身”，一旦有“自身”，就是有限的了。

记者：听起来似乎如此。

高尔吉亚：这么一来，一个无限的事物，既不能在比它大的地方存在，也不能在自身中存在，当然也不可能在一个比它更小的地方存在，你说这个无限的事物还能存在吗？

记者：这么一说，这个所谓无限的事物就真的不存在了？

高尔吉亚：所以我说：无物存在。

即使有物存在，也不可知

记者：我明白你的意思，普天之下，茫茫宇宙中，什么都没有，一切都是虚幻的想象，包括宇宙，包括大地，包括此时此刻的你，包括此时此刻的我，包括……

高尔吉亚：是的，无物存在，无你无我，无天无地，一切都是假设……

记者：真是一个彻底的虚无主义者，其实呢？你存在，我存在，天存在，地也存在，这不是睁眼说瞎话吗？

高尔吉亚：你说的那些全是海市蜃楼一样的东西，我已经反复说过了，一切都是假设！退一万步讲，即便万物存在，也不一定可知的。

记者：那是何故呢？

高尔吉亚：是这样的，我问你，如果宇宙或者说万物是存在，而且又是可知的话，那说明什么呢？

记者：你说呢？

高尔吉亚：那只能说明：能够被我们思想的东西，就必定是真实存在的东西；或者倒过来说，那些真实存在的东西，必定是能够被思想的东西。再进一步讲，那些不存在的东西是不能够被思想的东西，或者说不能够被思想的东西，必定不可能存在。

记者：可以这么说。

高尔吉亚：而实际情况是这样吗？

记者：你说呢？

高尔吉亚：事实上不是如此，因为我们的大脑经常会思想许多不真实，乃至荒谬不堪的东西，同样很多真实的东西我们却思想不起来。因此，我们必然得出这样的结论，那就是即使有物存在，也是不可知的。

即使物存在又可知，也不能彼此传授此类知识

记者：你的观点我明白了，也就是说即使有物存在，也是不可知的。

高尔吉亚：是的。

记者：而事实情况与你说的不一样，有很多东西，他们不仅存在，而且也是可知的。例如说你高尔吉亚这个人吧，你是存在的，也是能够被我所认识的，当然你也是能够认识你自己的。对我自己也是如此，我认识自己，你也可以认识

我李华平。

高尔吉亚：你也是一个哲学家，不应该用这些普通人的思维来说话。

记者：什么意思？

高尔吉亚：我问你："李华平"三个字是什么意思？

记者：是我的名字。

高尔吉亚：不完全正确，正确的说法应该是："李华平"三个字是一个语言符号。

记者：你说得没错。

高尔吉亚："李华平"是一个语言符号，在你的心目中，这三个字代表着你自己，而在你父母的思维中，这三个字代表着他们的儿子，在你妻子的眼中，这三个字代表着她的丈夫，在你女儿的眼中，这三个字代表着她的父亲，在你老师的眼中，这三个字代表着他的学生，听说你当过小老板，做过生意，那么在你员工的眼中，这三个字代表着他们的老板，而在我的眼中，这三个字代表着一个哲学家，一个并不这么热爱物质生活却执着于哲学思考的学者，而在普通的人眼中，这三个字就是三个字而已。因此，对于任何一个符号来说，在不同人的感觉与思维中，意义是不一样的，有时候甚至是完全反过来。例如，什么叫好？

记者：好就是好，不好就是不好。

高尔吉亚：你这是同义反复。有的人认为你无原则地说他好，你是真好。而在一些人看来，如果他真好你就说他好，如他不好你就说他不好，这才是真正的好。

记者：是这样。

高尔吉亚：可见，一切语言符号都不具有固定的含义，而人是一种典型的语言动物，离开语言寸步难行，这样一来，人们虽然煞有介事地进行交流，其实完全是在自说自话。除了语言外，人类的一切感觉语言，如肢体动作都是符号，这些符号其意义都是不一样的，无论人们以什么样的方式进行交流，都是在自以为是地自说自话。

记者：所以你说，即使人们面对面，眼睁睁地看着一个事物，也是无法传递关于这个事物的任何真正的信息的。

高尔吉亚：就是如此。

“人间”问题最好不谈

记者：依照你的理论，宇宙世界不存在什么规律，不存在什么真理，那在社会领域和伦理范围内，也不存在什么真理吗？

高尔吉亚：没错啊。对于什么是道德、什么是法律、什么是正义，不同的人有不同的看法。

记者：没这么复杂吧？

高尔吉亚：绝对不夸张！有的人认为，道德和法律是大多数弱者所制定出来的规则，其目的就是要用这些法律和道德来驯化强者的本性，这些强者如同食肉动物凶残无比，同时这些弱者还要将这些道理告诉年幼者，要他们记住这些道理，识破那些虚伪的正义之类的概念。当那些强者识破了弱者们的这些诡计后，则采取一切可以采取的办法去冲破这些束缚，而使自己成为人间的主宰。

记者：法律与道德是这么来的？

高尔吉亚：这仅仅是一些人的看法，有的人则不以为然。

记者：他们怎么看？

高尔吉亚：有的人的看法则完全相反，在这些人看来，法律与道德是强者和富人制定出来的一种工具，他们要利用这种工具去驯化弱者们的内在兽性。关于宗教也是如此，有的人认为宗教是抚慰人类心灵的工具，有的人则认为宗教不过是某些人发明出来用以慑服人们，让人们服服帖帖于强者的工具。你说这些看法如此泾渭分明，天下哪有什么真理可言啊。

记者：或许是吧。

自由心证即可

高尔吉亚：我再次明确告诉你，天下不存在什么所谓的真理，无论是在大自然中，还是在社会领域，概莫能外。何谓真理？你自以为是就是真理。何谓体系？你自圆其说就是体系。人间的一切理论都是为了彼此说服，你能用你的逻辑，用你的文字能力，用你的理论，去说服人，人能够相信你所说的，你就是对的，也就是说……

记者：说服就是一切，是不是诡辩都无所谓。

高尔吉亚：是的。

记者：不可救药的怀疑主义者！

高尔吉亚：随便你如何评价，悉听尊便，早晚你会相信我的话。

14 知识就是德性

——对话苏格拉底

引　子

苏格拉底（Socrates，公元前469—前399年）是一个奇葩。他是有史以来最伟大的哲学家之一，但他从未写过片言只语，也不愿意创办学校，招募学生，传道授业。

直到临死前，苏格拉底还在谈论政治问题，探讨政治体制问题，但他拒绝到政府机构担任行政官员。可以说，苏格拉底把自己毕生的精力都奉献给了街头巷尾的演讲事业。他因此丢掉了自己的性命，但也因此而流芳千古。

初步研究苏格拉底的思想，一般人都会觉得苏格拉底的思想不成体系，政治问题、伦理问题几乎占据着苏格拉底大脑的主体，而对大自然和宇宙问题则很少关注，不仅如此，在苏格拉底看来，在其之前的那些哲学家们沉迷于宇宙、自然这类问题的思考，糟蹋了希腊人最为宝贵的智慧，把希腊人引导到旁门左道上去了，因此，苏格拉底谴责这些人是懦夫，说这些人所做的一切都是毫无价值的，不仅如此，苏格拉底还说这些人应当为雅典人的堕落负责。

不过，经过笔者进一步的研究，本人感觉到苏格拉底似乎并非是那种拒绝仰望星空的哲学家，他之所以一天到晚埋头于脚下的事业，或许有难言的苦衷。

不一样的“智者”

记者：“智者运动”你知道吗？

苏格拉底：你说的无非就是普罗泰戈拉、高尔吉亚那些人发起的“运动”呗？

记者：是啊。

苏格拉底：这些人是满瓶不响，半瓶咣当，一天到晚到处卖弄他们的那点雕虫小技，忽悠民众，到处骗钱，不值一提。什么智者不智者，无非都是一些江湖郎中罢了。

记者：但奇了怪了，你似乎很愿意把那些智者们作为靶子来进行批评，你看不起他们，你把这些智者称为“批发或零售灵魂的粮食的商人”，你这话说得很明白，你是在骂智者们是贩卖知识的小商小贩，是吗？

苏格拉底：一点没错，所谓的智者，就是一些习惯于使用歪理的人，都是一些似是而非的推理者，他们卑鄙、无耻，以其卑劣的行径，损害着我们这些哲学家的名声。

记者：你嘲笑、讥讽，甚至是谩骂智者们，那你们这些哲学家与智者们的理论到底有什么区别呢？

苏格拉底：你说呢？

记者：你先说。

苏格拉底：我一般不习惯于直接表达自己的观点，你先说你的观点，我来反驳你的观点，通过我的反驳，你就知道我的观点了。

记者：说实话，我看不出你与这些智者们有多大的区别，有人说你就是一个伟大的智者，就是智者之一呗。

苏格拉底：你为什么同意他们这个想法呢？岂不是很荒

诞吗？我再重复一遍，这些所谓的智者，就是掌握教人如何当官、如何理财赚钱技巧知识的教师，这些人唯利是图，谁给他们钱，他们就教谁。至于这些知识管用不管用，他们就不管了。可以说为了赚钱，这些人什么厚颜无耻的事情都能干得出来。

记者：我始终觉得，或许在是否收取费用这个问题上，你与一般的智者是不一样，许多智者们把知识当作维持生活养家糊口的工具，你似乎是在尽义务，不收钱，但是……

苏格拉底：但是什么？

记者：就是在基本的世界观方面，你与他们似乎就没有什么不同了。因此，很多人说你是智者中的一个，最多说你这个智者与一般性的智者稍微有些不一样罢了。

苏格拉底：这个，只能说明你根本不了解智者们的观点，也可以说你根本不了解我苏格拉底。高山峡谷统统被你夷为平地了。可悲！可悲！

雅典人需要拯救

记者：不说智者们了吧，我问你：你一天到晚喜欢到雅典的大街上拉着人辩论，不厌其烦地兜售你的那套理论，很辛苦！我不明白，你这样做，意欲何为？

苏格拉底：拯救雅典，挽救雅典人民。

记者：雅典怎么啦？雅典人民又怎么啦？竟然需要你去拯救他们！你连老婆孩子都养不好，还奢谈什么拯救雅典、挽救雅典人民。

苏格拉底：你说得没错，我不会干活，不会做生意，不会讨好官府，混个一官半职，老婆抱怨我，儿子们也瞧不起我。我经常是吃不饱，穿不暖，但这并不影响我去拯救雅典和雅典人民啊。

记者：快说雅典和雅典人民怎么啦？

苏格拉底：说来话长，波斯战争你知道吧？

记者：我看过你们的那位历史学家写的《历史》，里面说的似乎就是波斯战争。

苏格拉底：没错，希罗多德写的，我们希腊人在雅典、斯巴达的带领下，联手击败了东方的波斯，从此希腊步入巅峰。严格说来，是雅典在波斯战争之后，一步步走向巅峰。

记者：是好事啊！

苏格拉底：好事与坏事不过是一枚硬币的两面，步入巅峰，让雅典成为光芒四射的明珠，雅典成为世界的文化中心、军事中心，确实是好事。但是，雅典人在短暂的辉煌中可悲地陷入一种致命的麻木状态，这又是一件坏事了。

记者：怎么讲？

苏格拉底：雅典人以前与周围的民族相比，基本上差不多，都有一股子拼命的精神，干什么都是说干就干，一干就成，可以说是朝气蓬勃。但在波斯战争以后，雅典人开始学会享受了，他们整天沉迷于音乐、喜剧之中，人们不再像以前那么具有创业精神了，相反，绝大多数雅典人变得消极、懒散、饶舌和极端的贪婪。胜利让雅典人越来越不知道自己姓什么，胜利让雅典人的尾巴翘得越来越高，胜利让雅典人蜕变成为一群妄自尊大毫无节制的“土包子”。这样的一个民族，如果得不到及时的敲打与提醒，很快就会衰败下去的。你说是不是？

记者：神志不清到连自己是什么样一种东西都不知道的民族，毁灭只是早晚的事，这是历史的必然，不以任何人的意志为转移。不过，在我看来，雅典的政治家们完全可以动用宗教、文化工具来对民众进行教育和提醒啊。

苏格拉底：荷马，贵为万众之师，他也深为雅典人的堕落而不安，他也意识到，必须发挥诗人作为大众的真正导师和教育者的作用，来拯救雅典人民。但是，他能做什么呢？他能做的也只能是用关于人类坎坷的命运和令人心酸的故事去打动浑浑噩噩的听众，并做出一些或明或暗的提示，但也仅此而已。这点你是心知肚明的，诗人拯救不了人民。宗教对民众的影响是根深蒂固的，但是说到底，宗教也仅仅是一些故弄玄虚的仪式，尤其是希腊那些神叨叨的原始教义，往往因缺乏神圣的典籍予以支撑，民众对这些宗教也是将信将疑，因而宗教家们对民众的教化也是云山雾罩，不着边际，对于拯救雅典人民，宗教除了能对民众的道德行为做出或多或少含含糊糊的指导和心灵安慰外，似乎也是心有余而力不足，难有作为。

记者：说来说去，无论是荷马的诗歌，还是那些宗教，都对拯救雅典人无能为力，于是，你就走到了前台？

苏格拉底：是的。

要知道自己的“无知”

记者：我通过阅读色诺芬写的《回忆苏格拉底》获悉，为了教育雅典人民，你把自己宝贵的一生，全部献给了雅典街头巷尾的演讲事业，直至献出自己宝贵的生命。你每天天刚蒙蒙亮就草草吃点东西，到户外去散步，锻炼身体，当市场上人多起来的时候，你就来到市场，面对广大的市民，你就开始演讲，哪里人多，哪里就能看到你的身影。妻子的抱怨，甚至是偶尔的家暴，你忍受。一些人的冷嘲热讽，你忍受。来自阴谋家的攻击，你忍受。总之，为了雅典人民，为了雅典的未来，一般人所不能忍的东西，你全咬紧牙关忍了！我想知道，你想如何拯救雅典人民？

苏格拉底：首先，我要让雅典人知道自己是无知的普通人，千万别把自己当一回事，雅典人不是什么无所不知的优等民族，上帝的选民从来就没有过！

记者：说说细节，你是如何教育雅典人民的？

苏格拉底：我是通过一则与神谕有关的故事来让雅典人民知道这个道理的。

记者：嗯。具体说说。

苏格拉底：一个青年，名叫凯勒丰，他虔信宗教，一天他到德尔菲神庙，问负责传递神谕的女巫“谁是天底下最聪明的人”，女巫告诉凯勒丰说：“苏格拉底是人间最聪明的人”，为了验证这个神谕说得对不对，我就到处找人说话，看看到底谁能比我更聪明，我找了政治家、诗人、工匠等，通过与这些人反复沟通，我觉得这些人虽然自认为满腹经纶，但实际上都是什么都不懂的饭桶。因此，这个神谕确实是对的。

记者：也就是说在神看来，你是人间最聪明的人？

苏格拉底：是的，确实找不到比我更聪明的人。

记者：你确实很聪明啊。

苏格拉底：我是苏格拉底，几斤几两我心知肚明。我知道我除了知道自己无知以外，实在没有任何智慧。你想想，这个世界上最聪明的人都知道自己一无所知，那么我们完全可以说，所有人都是无知的，所有人都应该知道自己一无所知。一切智慧都是毫无价值的，人必须谦恭，必须学而时习之。

记者：雅典人听你的吗？

苏格拉底：好像谁都不愿意别人说他没有智慧，即使像猪一样笨的人，也往往希望别人说他拥有神一般的智慧。如果你去告诉他是个笨蛋，他会对你动刀子的。一个无可救药的民族！

从天上到人间

记者：你除了苦口婆心劝导雅典人必须明白自己的无知外，你还说了什么，或者说你还做了什么？

苏格拉底：我还劝导雅典人民，尤其是那些所谓的思想家们，不要再执迷于一些仰望星空的事情，而应该脚踏实地把地上也就是人间的事情思考好，做好。

记者：人间的事情？难道你们雅典的思想家们不去关心人间的事情？

苏格拉底：你是研究哲学的，你对西方的哲学史了如指掌，在我之前，希腊有很多哲学流派。

记者：是的，米利都学派，毕达哥拉斯学派，爱利亚学派，原子论派……怎么啦？

苏格拉底：这些人一天到晚就知道研究数，就知道研究万物产生和复归的本原，就知道研究日月星辰，就知道研究天体的大小、距离和轨道，就知道研究什么叫作运动、什么叫作静止……

记者：你是说这些人只知道研究天上的事情，而不知道研究人间的事情？

苏格拉底：基本如此吧。

记者：根据我的研究，在你们希腊的那些自然哲学家的眼中，人间不过是天上的一个部分，因此，研究天上的事情，也就是研究人间的事情。你批评说他们只知道研究天上的事情，而不知道研究人间的事情，是不是有点不公平啊？是不是有点冤枉了这些哲学家们？

苏格拉底：一点都不。你说得没错，在我之前的那些哲学家，你们后人称呼他们是“自然哲学家”的思想中，大自然无所不包，人不过是大自然和宇宙的一个组成部分，因此，研究宇宙自然就是包括研究人。还有一点也必须承认，这些人并不是不关心人间政治，这些人曾经就政治、伦理和社会的起源和发展问题提出了若干很有见地的观点。因此，可以说这些并非是“纯”自然哲学家，而是“混合型”哲学家……

记者：所以，你对他们的批评是不公正的。

苏格拉底：不是这个概念，这些哲学家虽然既关心天上的事情也关心人间的事情，但总体看来，他们更多是关心“纯”天上的事情，也就是说他们更多是关心人以外的自然，对人类自身的关心完全是顺带的，业余的。有时间就研究一下，没时间就拉倒。

记者：即便如此，我认为他们也没有什么不对的地方啊，对于人类来讲，我们需要一部分人去研究世俗的事情，油盐酱醋，吃喝拉撒，国计民生，是需要人去研究的。但是，我们同时也需要有人去仰望星空，关注一点日月星辰的事情。天上的事情、人间的事情，同样重要，不能厚此薄彼啊！

苏格拉底：问题就出在这个地方，如果那些哲学家们能做到不厚此薄彼的话，也就是说他们能多花费一些时间，研究一下人间的事情，他们就不会把雅典人民引导到沟里去了。

记者：有这么严重？

苏格拉底：思想家和哲学家是人类的引路人，他们的一举一动都直接对其人民产生巨大的影响，如果他们的思路正确，人民自然就会跟着他们一起往前走，顺顺当当，不会有什么差错。但是，一旦这些人的路子走歪了，人民自然就会成为迷途羔羊。

记者：迷途羔羊？

苏格拉底：是啊。对于那些自然哲学家来说，一方面，他们眼睛只是盯着浩瀚的星空，而对脚下的事情关注甚少；一方面，一个人一个意见，甚至是一个人若干个意见……

记者：有这事？

苏格拉底：例如说吧，关于宇宙的本原，有的人说是水，有的人说是土，有的人说是火，有的人说是气，有人说世界的本质是“多”，有的人说是“一”。关于运动的事情也是如此，有的人说物质和宇宙是运动的，有的人说是静止的……如此混乱不堪的言论，你让那些愚昧的民众如何行动呢？如何思考呢？可以说，希腊人思想的混乱，与这些哲学家有很大的关系。思想上一乱，行动自然就乱了。

记者：难道不去研究宇宙，人们就不会出现思想的混乱？

苏格拉底：与宇宙比较起来，人是小芝麻粒子一个，人连眼皮底下的事情都搞不清楚，更谈不上研究宇宙了。人类应该做一些力所能及的事情，好好把人间的事情做好。

记者：那人间的事情具体有哪些呢？

苏格拉底：我在广场上不厌其烦要人们注意的事情，都属于这一类。

记者：这我知道，你要雅典人不要妄自尊大，不要目空一切，而要明白自己的无知，你要雅典人民懂得什么事是虔诚的，什么事不是虔诚的；什么是适当的，什么是不适当的；你要雅典人民懂得什么叫作谦卑的生活。你要雅典人民都知道人到底是什么、人将来会成为什么，你要雅典人民知道什么叫作善、什么叫作恶劣、什么叫作正义，什么叫作美德，你要雅典人民明白什么是最理想的国家，你要雅典人民明白什么是最好的政治，你要雅典人民明白什么是最值得过的生活；你要雅典人民知道什么是精神健全的生活，什么是精神不健全的生活；你要雅典人民知道什么是坚韧，什么是懦弱；你要雅典人民知道什么是政治家，什么是合格的政治家，什么是不合格的政治家……这些问题都属于你所说的那些“人间”的问题？

苏格拉底：是啊，人间问题包括这些问题，但不限于，还有很多。

知识与德性

记者：关于知识与德性的关系问题，应该属于“人间”问题吧？

苏格拉底：毫无疑问。

记者：你说知识就是德性，我问你何谓德性？

苏格拉底：所谓德性，就是一个人规规矩矩地履行自己的功能和义务，使自己的灵魂尽可能地良善。

记者：德性，就是指一个人持续性地做好事，不做坏事呗？

苏格拉底：可以这么说。

记者：那知识是指什么呢？

苏格拉底：知识是一种能力，如果你拥有这种能力，你就能判断哪些行为是正确的，哪些行为是错误的。如果你能够正确地作出判断，你就不可能去做让你的灵魂堕落的事情。

记者：所以你说德性与知识是等同的。或许你的观点是对的，对于一个好坏不分的人，让他的灵魂不断向善，那就等于期盼一个偷盗成性的人把捡到的物件送还失主一样是不可能的。那依照你的观点，德性就是说明你知道什么样的行为是好的，什么样的行为是不好的，是不是这个意思？

苏格拉底：正是。德性就是知识。一旦人们知道什么是善、什么是恶，人自然就会去做有利于积善成德的事情，自然就是一个有德性的人了。

人性的基本结构是恒常的

记者：好多人都认为，人性捉摸不透，因而认为人性一般是坏的，你如何看待这个观点啊？

苏格拉底：似乎不是这样，你自己是什么看法？

记者：依我之见，人的本性毫无疑问是坏的，在很多情况下，人做坏事，并不是因为他们不知道这些事是坏的，有时候是恰恰相反，他们越是知道这些事情是坏的，他们越是要去做，有时候，正因为他们知道一些事情是好的，他们越是不去做，所以我说人性可恶，人从本质上是不好的，也是如流水，如行云，如满街疯跑的耗子，无法把握，无法认知……

苏格拉底：你是不是太悲观了？

记者：真不是。明知故犯的事情比比皆是。

苏格拉底：这个……不管你怎么说，在我看来，人性基本面是好的，人不会故意去做坏事的，那样会损害他的道德，损害他的良知，损害他的人性，一些人被指责在做坏事，甚至千夫所指，其实他们是很无辜的，因为他们并不知道这样做会导致幸福付之东流，他们在干着缺德事情的时候，还天真地认为他们在行善，在积德。

万物变化的背后

记者：色诺芬在他的《回忆苏格拉底》中说你否定自然科学，柏拉图在他的《申辩篇》里说你多次申明你与对自然的思索“没有任何关系”，亚里士多德在他的《形而上学》和《动物的分类学》两本书中也是这么说的。

苏格拉底：这种说法不对，最起码是不全面。

记者：不管你如何解释，都无法改变你的观点是错误的这个结论。

苏格拉底：你让我好好解释一下。

记者：作为一位哲学家，一位思想家，你虽然没有留下任何著作，人们只能通过你的弟子——柏拉图、色诺芬和亚里士多德等人来了解你的思想，但你却是我最钦佩的哲学家，你在我心目中的地位，远远胜过那些著作等身的学者们。我之所以钦佩你，原因就在于你为拯救处于麻木不仁状态中的雅典人民所做的一切。尽管如此，我也甘愿冒天下之大不韪地说，你的很多观点是错误的，因你的错误，哲学差点走偏了方向。尼采说你导致了雅典哲学的堕落，说你是雅典哲学退化的罪魁祸首。这话虽然有点不尽公平，但在我看来，多多少少还是有一些道理的。

苏格拉底：道理在哪？

记者：你强调人们要去研究你所说的那些问题，这没错，但是你反对人们研究自然，反对人们研究宇宙的结构，研究宇宙的规律，你把研究宇宙、研究自然的人称为愚顽不化的人。你这是不对的。人是宇宙和大自然的一部分，宇宙是整体，而人仅仅是部分，无论是人类的物质部分，还是人类的精神部分，无不是宇宙变化的产物。因此，如果人们搞不清整体，就无法弄清楚个体。离开对大自然和宇宙的研究，人们就根本无法把握人是一种什么东西，更谈不上弄清楚道德、正义、国家这类东西。此外，你的错误还有一点……

苏格拉底：接着说啊。

记者：就是你说之前的那些哲学家们仅仅能看到宇宙和大自然的物质部分，而看不到精神性的存在，看不到内在的原因，其实你错了，或许是因为你太忙于街头的演讲，或许你说得对，你对传统的科学门类，诸如物理、化学、生物原理缺乏最基本的了解。在我看来，你根本就没有能力去研究这些问题，你不懂泰勒斯的著作，看不懂毕达哥拉斯、赫拉克利特的著作，看不懂恩培多克勒、阿那克萨戈拉、巴门尼德的著作……既然连这些人的著作你都看不懂，你凭什么断言这些人看不到万物运化背后的精神性原因呢？

苏格拉底：你不要太过激动，不能只顾自己说话，不让我插嘴，这里面可能有很多误会。

记者：什么误会？

苏格拉底：我一开始确实觉得那些自然哲学家习惯于用纯机械的观点来考察一切，其实，这是不全面的。阿那克萨戈拉对世界的解释就不是。

记者：他怎么说？

苏格拉底：你几十年关注那些哲学家，应该比我清楚吧。

记者：我怎么看无所谓，关键是你怎么看。

苏格拉底：建议你去看看柏拉图的《斐多篇》，那里的记载基本客观。我在被执行死刑之前，对之前的那些哲学家写的东西认真看了看，我发现很多人对宇宙和自然的看法，并不仅仅是机械性的，很多人都是从精神性的角度来研究宇宙，研究自然。我记得最清楚的就是阿那克萨戈拉，他说理智是宇宙和自然之所以发生变化的根本原因，这一点我就很欣赏，看待宇宙，看待自然，不能仅仅从土啊、水啊这些死板板的东西来看，要看到潜藏在万物变化背后精神性的因素，这才是根本。另外，宇宙万物的存在，绝对不是无缘无故的，而是有着明确目的的，这种目的最值得我们研究。这就是研究宇宙的价值之所在。

记者：那你以前为什么对那些哲学家看法那么不好呢？

苏格拉底：他们的书我看得很少。

记者：如果说现代人对古希腊的哲学存在很多误解的话，那是因为那些哲学家的书很少留存下来，即使有也是经过好多人的一再篡改，而你与这些人，很多是同一个时代，甚至是能面对面进行交流。

苏格拉底：我的事业是在大街上，而不在象牙塔里，我不可能有那么多的时间去研究他们的著作，要不是被关在监狱里，我就永远也不可能对他们的东西有更多的了解。当然，我这人很笨拙，数学不行，物理也不行，尤其是数学，他们的书晦涩难懂，看得我头疼欲裂，因此，我无法理解他们，也就是说我与物理学、数学没有缘分。

“可理解秩序”

记者：关于存在与理念的关系，你与柏拉图、亚里士多德似乎看法并不一致？

苏格拉底：根据你的理解，分歧在哪里？

记者：先说亚里士多德吧，他认为，普遍的形式，也就是普遍的理念只存在于我们能够经验到的实际事物之中，离开具体的事物，所谓的理念就根本不存在。

苏格拉底：你归纳得没错，亚里士多德是这么看的。

记者：柏拉图的观点与亚里士多德完全不同。在柏拉图看来，这些概念化的理念是最实在的存在者，它们的存在并不以我们所经验到的特殊事物的存在为前提。柏拉图的观点与亚里士多德的观点完全是针尖对麦芒，毫无共同之处。那你同意谁的观点？

苏格拉底：我的观点旗帜鲜明，我赞同柏拉图的说法，不赞同亚里士多德的说法。

记者：我明白了，人们说你是理念论的鼻祖，原因在这里。

苏格拉底：话不能这样说，柏拉图是理念论的创始人，我不是。我独创的东西我当仁不让，不是我独创的我也不贪天之功。

记者：这种态度值得表扬。你认为在可见世界的背后存在某种绝对的理念，这种独立存在，并不依赖于看得见摸得着的现实世界？

苏格拉底：我们这个世界出现在人们面前的是一个“事实世界”。这个世界就是你我都能感觉到的世界，如宇宙、如天地、如山川大河、如翻江倒海、如你我，是可见的，可以感知的，一句话，是一种现实的存在。但是……

记者：接着说。

苏格拉底：但是，这种存在只是某种特殊的存在，它仅仅具有某种特殊的本质与功能，不是事物的根本。

记者：那事物的根本是什么？

苏格拉底：事物的根本不是某种光鲜的外表，而在事物的背后。

记者：背后？背后在哪？

苏格拉底：宇宙也罢，山河也罢，你我也罢，看似天壤之间、阴阳之别，其实存在本质上的共同性，那就是目的，就是实现善的目的，就是功能，就是实现善的功能，而这种目的、功能，就是可见事物背后的那种秩序，这种秩序是可以理解的，也是可以把握的。由于有了这种目的和功能，我们的宇宙、世界，才得以构成一个和谐的整体。

记者：你是说世界的存在从来就不是偶然的，而是有着明确的目的性，围绕着这种终结性的目的，宇宙万物彼此分工，各司其职，井井有条地运动着，井井有条地变化着。

苏格拉底：正是如此。

雅典的末日与苏格拉底之死

记者：你不愧是一个伟大的人，永远是那么谦虚。但既然如此，你在雅典为何有那么多的仇人？

苏格拉底：哪有？

记者：如果没有仇人，雅典人民为什么要判处你死刑呢？雅典人给你定什么罪名？

苏格拉底：他们给我定的罪名，一个亵渎神灵罪，一个是毒害青少年罪。

记者：如此重的两个罪名，他们不判处你死刑才怪呢。

苏格拉底：其实完全是无中生有，凭空捏造的罪名。我既没有做过任何亵渎神灵的事情，也没有做过任何毒害雅典青少年的事情。

记者：那是为什么呢？

苏格拉底：我的死，一半是因替人受过所致，一半是时代使然。

记者：你的死好像有很多故事啊？

苏格拉底：是的。

记者：愿闻其详。

苏格拉底：雅典人对我很反感，恐怕与我的一个学生有关，此人名字叫阿尔西比亚德，这个人确实是个厚颜无耻的小人，他在雅典与斯巴达的战争中，投敌叛国，还为斯巴达人出了好多主意来进攻他的祖国，我对这人也是深恶痛绝，雅典人对这种叛国分子是极端仇恨的，我是他的老师，自然也成为人们仇恨的对象，其实他是他，我是我啊。

记者：雅典人没有说你叛国啊。

苏格拉底：虽然没说，但人们心里面怎么想谁知道啊。

记者：还有呢？

苏格拉底：公元前404年，雅典败于斯巴达，斯巴达组织30人团为雅典新政府制定法律，这30人利用这个机会，残酷压制雅典民主势力，还利用机会聚敛财富，让雅典人民吃尽苦头，不久后，这个臭名昭著的30人团就被赶下台。

记者：这与你有啥关系啊？你又没参加他们的组织。

苏格拉底：你有所不知，被推翻的30人里有两个人，一个是克里提亚斯，一个是查米德斯，他们还真是我的朋友。如此一来，雅典人就更加不信任我了。似乎我就是雅典人民的敌人似的。

记者：那你还替别的什么人受过呢？

苏格拉底：谈不上替他们受过，肯定与他们有关。

记者：具体说说啊。

苏格拉底：大约在公元406年，我们国家与外国打了一场大仗，我们是赢了，但是代价太过沉重。我们损失了25艘战舰，牺牲了4000多名士兵。“国会”，也就是我们的五百人议会团认为应该追究八位将军的责任，认为应该把他们判处死刑，一开始五百人议会团是不同意的，但是检举人威胁说要追究五百人议会团里面一些人的责任，于是五百人议会团就不敢说话了，但是……

记者：但是你又跳了出来。

苏格拉底：是的。我认为不该判处他们死刑，他们之所以没做好善后的事情，例如祭祀好死者，那是与当时刮台风有关，但是五百人议会团和检举团不同意，于是我就成了他们的眼中钉肉中刺了。

记者：原来如此。

苏格拉底：不过仔细回想起来，这些都是次要的原因，最主要的原因，是雅典已经败落，把雅典人民的心脏挤压到几乎爆炸的程度，让他们无法再继续保持一种宽容的心态了。

记者：你把自己被判刑归结到所处的时代，是时代不再需要你这样的哲学家了？

苏格拉底：本来就是如此。伯利克里是一个伟大的政治家，在他的领导下，雅典发展为一个政治大国，民主政治水平全世界第一，经济世界第一，周边城邦无不羡慕不已，军事上更是赫赫有名，在这种情况下，政治家们心理素质很高，普通的民主派们也是信心满满，纵使我如何批评他们，他们都满不在乎，即使有些人不怀好意到处控告我，雅典政府也是不闻不问，但是，在伯利克里执政之后，情况就天壤之别了，他们就不再容忍我的批评了，雅典已经是风烛残年，枯枝败叶，经不起风吹雨打了。

记者：你有这种看法，我认为还是比较客观的，雅典人说你亵渎神灵，说你毒害雅典青少年，其实这些都是假的，真正的原因是你生在一个不合时宜的时代，继续你那种不合时宜的事业，你的这种做法自然就会与城邦的事业发生冲突与矛盾，你们这些少数人的价值就会变得越来越小。可以说，你是一个不幸时代的牺牲品。

苏格拉底：也可以这么说吧。

15 “洞穴”外面的世界

——对话柏拉图

引　子

最早的希腊哲学家即米利都学派的学者们，主要关注的是物质世界的构造，而不是道德与国家之类的问题。爱利亚学派哲学家巴门尼德和芝诺则把自己的主要兴趣集中在论证存在是不变的、单一的，是一。而赫拉克利特和毕达哥拉斯等人则认为存在就是变化，万物就是流变，世界由不同的东西所构成，因而是多而不是一。苏格拉底和那些名声并不怎么好的智者们则对自然界毫不关心，而把道德置于哲学的核心。唯有柏拉图（Plato，约公元前427—前347年）超越其前辈，也为其后辈亚里士多德所承继，是他把其前辈们所关心的问题全面置入一个“大统一”的思想体系之中。

在笔者以前的印象中，柏拉图与其老师苏格拉底是一样的学者，都是把对人的研究看成是人世间最有价值的研究，而把对自然的研究看成是对生命的浪费。但在接触了柏拉图的著作《蒂迈欧篇》以后，我发现误解了柏拉图。柏拉图对自然的研究，虽然不可避免打上那个时代的烙印，好多道理只能诉诸神话一般的语言。但是，如果我们大胆地把现代宇宙学最新成果与柏拉图的诸多观点对照起来看，我们可能惊讶地发现，原来科学著作也是可以用柏拉图式的方式来写的。

毫无疑问，与柏拉图的名字联系最紧密的还是他的《理想国》和他那著名的“哲学王”思想，但鉴于《理想国》与“哲学王”思想家喻户晓，简短的交流很难道出什么新意，故此次“对话”绕开了这个话题。

淡出政治为哪桩?

记者：你的老师苏格拉底虽然口口声声说自己对政治兴趣不大，但他的所作所为似乎并不是那么回事。

柏拉图：何以见得?

记者：苏格拉底在街头一天到晚拉着人，兜售自己的道德哲学，兜售自己的政治主张，据说他还做过议会的主席，这不是政治是什么?

柏拉图：可以这么说。

记者：但是，苏格拉底出生于一个非常普通的家庭，父亲是个雕刻师，母亲是个助产婆，这对他从政可不是个好条件。

柏拉图：政治是个家族事业，一般来说，出生于苏格拉底这样家庭的人，是很难在政治上有所作为的。苏格拉底能混到那个样子，已经相当不错了。不过，我认为苏格拉底的伟大，绝对不是能够用其政治上的成败来判断的，他是西方第一位真正的哲学家，这就是他的价值之所在。我可以说，如果有一个更好的家族支持，苏格拉底一定能在政治上有更大的作为。

记者：据说你的家庭出身与苏格拉底完全不一样的，我就不明白，你为什么不在政治上好好干一把，而把自己的毕生精力用来搞什么哲学呢？值吗？

柏拉图：你说的话，对一半，错一半。

记者：怎么讲？

柏拉图：我的家族与苏格拉底的家族确实不一样，他是八代贫农，而我的家族，无论是父亲这一支，还是母亲这一支，都非常的显赫。

记者：能显赫到什么程度？

柏拉图：父亲一支，最早可以追溯到雅典的古代君王，甚至可以追溯到雅典的神灵。

记者：哪一位神灵？

柏拉图：波塞冬神。

记者：这位神灵是管什么的？

柏拉图：宙斯你知道吧？

记者：伟大的宙斯谁不知道啊？

柏拉图：我的祖先就是宙斯的二哥。

记者：有意思，说得详细点。

柏拉图：我曾经对此进行过详细考证，经考证发现，我们家最古老的祖先——波塞冬神，是希腊神话中的海皇，是大地的震撼者，他的威严与大地无穷无尽的生命力及洪水相匹敌，被称为是大海的宙斯，其地位和力量之高，以致支配力遍及全宇宙，是仅次于天父宙斯的强大掌权者。波塞冬是奥林匹斯十二主神之一，海王星以他的罗马名涅普顿（Neptune）命名，是第二代神王克洛诺斯和神后瑞亚的儿子，宙斯的二哥，统治一切宇宙海域的最高神。当初波塞冬与兄弟们划分的势力范围：弟弟宙斯获得了天界，大哥哈迪斯屈尊冥界，波塞冬就得到了一切大海和湖泊。波塞冬的坐骑是由白马驾驶的黄金战车，武器则是象征大海统治权的三叉矛。

记者：非同寻常的家族，你母亲那一支呢？

柏拉图：同样非同寻常。

记者：说出来听一听。

柏拉图：我母亲名字叫珀里克提俄涅，她的弟弟，也就是我的小舅舅，名字叫查米底斯，曾做过雅典寡头政府的领导人。她的表哥，也就是我的表舅舅，名字叫克里提亚斯，也与我的小舅舅一样，曾当过雅典寡头政府的领导人。还有，我继父，名字叫皮里兰佩，他曾经是伯利克里的好朋友。还有，我母亲这一边有一位长辈曾经是雅典的立法者，还有一个远亲甚至还做过雅典的执政官，其执政时间大约是公元前644年。

记者：确实是显赫得不得了。那你为什么不顺水推舟，跻身政治主战场大显身手呢?

柏拉图：置身于这样的家庭，我对政治有一种本能的爱好，我一开始也是很积极地参与到政治中来，我相信，只要我不犯那些常识性的错误，飞黄腾达对我只是一个时间问题。但是，两件事改变了我的看法。

记者：哪两件?

柏拉图：伯罗奔尼撒战争和苏格拉底之死。

记者：愿闻其详。

柏拉图：在这场战争中，我们国家雅典与斯巴达发生战争，雅典失败了，雅典为此付出了惨痛的代价，从此，辉煌的岁月成为永远不可能再次出现的美梦。

记者：伯罗奔尼撒战争确实是雅典历史的分水岭。

柏拉图：在这场战争的后期，雅典政府接连出现重大的决策失误，这些不该发生的失误让我看到：民主政治是一种扼杀人类智慧的制度，这种制度培养不了伟大的领导人，小人、庸人、精于煽情者、精于吹牛拍马者得心应手，如鱼得水。我是一个哲学家，虽然算不上“高大上”一族，但也不至于与那些卑鄙小人们厮混在一起。因此，在这种畸形的所谓民主制度下，我找不到感觉，我的感觉是除了头晕就是头晕，比较来比较去，总觉得搞搞研究或许是我最好的选择。还有，最伤及我敏感脾胃的是……

雅典的“原罪”

记者：你欲言又止，让我心急，不妨竹筒倒豆子，说个痛快吧。

柏拉图：雅典以一种极端丑陋的形式，诛杀了我的老师苏格拉底，这是一件让我无论如何都难以容忍的事情。

记者：一些资料说，苏格拉底从来就没有承认你是他的学生，你似乎也并没有把苏格拉底看作是你的老师，这些资料还说，当苏格拉底被强迫喝毒酒自尽的时候，你并没有到监狱里去看他，你说你很忙，有这回事吗？

柏拉图：一半是捕风捉影，一半是道听途说。

记者：不会吧？

柏拉图：苏格拉底弥留之际，我确实没有去为他送行，但原因不是我与他没有感情，而是因为我病得很厉害。你必须知道，当那帮民主派审判苏格拉底的时候，我就在法庭上，我为苏格拉底据理力争，我还愿意为苏格拉底的罚金提供担保。如果真如你所说我对苏格拉底没有感情，我会这么做吗？

记者：也倒是。雅典人不该判处苏格拉底死刑啊。

柏拉图：苏格拉底谦虚地说自己是祖国的“牛虻”，其实他是雅典的导师，是雅典的指路明灯，雅典人诛杀了苏格拉底，就是挖掉自己的眼珠子，就是揪掉了自己的两只耳朵，就是砍断自己的双足，雅典不亡，是不可能的。

记者：所以你从此就开始远离政治，不再介入具体的政治事务，优哉游哉，独善其身。

柏拉图：不过，我虽然远离政治的角斗场，但我的心一刻也没有离开那里，我终身都在研究政治，我终身都在与那种愚蠢的民主制度作斗争。我不断写书，不断写文章，就是要教导雅典未来的领导者要走正道，行正义，不以善小而不为，不以恶小而为之。

“洞穴”里的囚徒

记者：一说到苏格拉底，就让人揪心。不说那段历史也罢。

柏拉图：雅典人永远洗涤不了的“原罪”。

记者：好，说以前的雅典，说以前的希腊吧。尤其是我特别关心你的“洞穴”理论，我想知道，你想通过你的“洞穴”理论表达什么意思？

柏拉图：对于一般庸俗之辈，我是不屑于与他们谈我的“洞穴”理论的。

记者：为什么呢？

柏拉图：因为他们听不懂，一个个呆头呆脑，跟他们说一万遍也听不懂。

记者：谢谢抬举啦，言归正传吧。

柏拉图：请你客串一个角色如何？

记者：男一号？

柏拉图：是的，男一号，一个囚徒，你与一帮囚徒，从小就被囚禁在一个巨大的洞穴里，你们的颈项和腿脚都被锁链死死地锁住，动弹不得，没法扭头……

记者：好可怜，你的意思是我们除了对面的那堵墙以外，什么都看不见？

柏拉图：是的，除了你们前面的东西，你们什么都看不见。

记者：如此这般，不如死了算了。

柏拉图：不能死，你还得客串下去。

记者：听你的，都被你锁住了，没有别的办法可以脱身。

柏拉图：继续，在这种情况下，你能告诉我你身后有什么东西吗？

记者：我的颈项被你锁住，我的脚被你锁住，我就是个十足的活死人，我不知道我两边有没有人，我更是不可能知道背后有什么东西了，你问这个问题不是明知故问吗？

柏拉图：明知故问也得问。

记者：那根据你的安排，我的背后应该有些什么东西呢？

柏拉图：三样东西？

记者：哪三样？

柏拉图：一块高地、一群人、一堆火。

记者：没别的？

柏拉图：你先记住这三样就够了。这块高地海拔要比你们待的那个地方高一些，怎么也有小半米差距吧。

记者：那帮人是干什么的？不会是狱卒们吧？

柏拉图：这些人在高地上来回走动。

记者：我们死死地坐着，如一个个螺丝钉，即便到天荒地老，也不会有一丝一毫的移动，生不如死。他们则优哉游哉到处乱走，想到哪就到哪，真是不公平，气死我了。

柏拉图：也不是，这些人也像那些演员一样，必须在高地上来来回回地走动，而且必须是扛着东西来来回回地走动。

记者：他们扛着什么东西呢？

柏拉图：全是一些人造的东西，如木头、石头以及一些牛头马面的东西，一句话，全是人类用某种材料做成的一些东西。

记者：那堆火是什么意思？

柏拉图：那堆火，熊熊燃烧的那堆火，被我安排在那些来来回回走动的人的后面，而再后面就是你待的这个洞穴的出口。

记者：你如此设计，不能不说是用心良苦，意欲何为呢？

柏拉图：别问那么多的问题。我现在问你：你此时此刻能在你对面的墙壁上看到什么呢？

记者：除了那些黑乎乎的影子一样的东西外，我什么也看不见，因为我的脖子不能动，我不知道两旁还有什么，也不知道背面还有什么。

柏拉图：没错，这些影子是那堆火把那些人的影子照射过去的，这些影子在干吗？

记者：这些影子一天到晚来回走动，他们扛着一些东西来来回回地走动。

柏拉图：什么东西？

记者：好像是一些什么石头、木头，似乎还有一些动物、人之类的东西。

柏拉图：其实这些东西不过是那堆火照射过来的影子而已。

记者：是这么回事。这些影子还彼此之间相互说话，不同的影子说话的声音有大有小，有的高亢，有的低沉，有的很好听，有的让人很厌恶。

柏拉图：其实这些声音并不是从这些影子发出来的。

记者：毫无疑问是这样。但是对于我们这些囚徒来说，我们不知道后面还有人，还有火，我们就知道对面的黑白影子就是世界的本身，因为除了这些黑白的影子们，我们不知道这个世界上还有什么。我们也不知道那些声音是从后面那些人那里传来的，我们就认为那些声音是那些影子发出来的。

人人皆在“洞穴”里

柏拉图：想自由吗？

记者：不自由，毋宁死！如此一天到晚坐着，不如早早死掉算啦。

柏拉图：给你自由。

记者：梦寐以求。

柏拉图：但是天下没有绝对的自由，你有三种选择，第一种选择是你只能到火堆附近走走看看；第二种选择是你还可以到洞口处走走看看；第三种选择是你还可以再次回到洞穴里，当然，你也可以逃之夭夭，一走了之。

记者：从理论上，打死我也不会再回到洞穴里。

柏拉图：你结论不要下得太早。咱们接着往下说。

记者：All right!

柏拉图：先讨论第一种情况，你设想一下，如果你到火堆旁转转，你会看到什么？你会想到什么？

记者：如果我到火堆旁，我会感觉我的眼睛被火照得特别疼，眼睛真的睁不开，看东西迷迷糊糊的。

柏拉图：不对吧，你看东西应该比看影子更清楚吧？

记者：不是，我看那些人，一个个如幽灵一般，晃来晃去，我明知道就是因为这火把这些人的影子照到我们面前的墙壁上的，我也能对得上号，谁的声音沙哑，谁的声音混浊。但是……

柏拉图：不会你要回去吧？

记者：但是我总觉得，看这些人还不如看他们的影子来得清楚，也很难看，如果你仅仅让我到火堆旁，来看这些人，来看这些鬼魂一样的东西，我还真是不愿意浪费时间，我真的愿意回到原来那个地方，我的眼睛很痛很痛。在那里看这些影子，清清爽爽，明明白白，心里很踏实。

柏拉图：如果把你直接带到洞穴口，让你在那里转转看看，你估计会看见些什么呢？

记者：你们把我带到洞穴口，让我自己看，我估计第一反应就是眼睛睁不开。

柏拉图：应该是这样。

记者：不是应该，就是如此。太阳的光线也比火堆发出的光亮多了，我的眼睛比我看那堆火时酸疼多了，我必须经过很长很长的时间，才能适应周围的环境。

柏拉图：人在阴暗处待久了，偶尔回到光明之处，都是如此。但总有睁眼的时候啊，你告诉我你会看到什么？

记者：我想，首先我会认出一些影子，一些人的影子，这些影子，我很熟悉，它们曾经在我面前的墙壁上出现过；其次，我会看出各种东西在水中的倒影……

柏拉图：倒影？

记者：这些倒影真好看，这些影子比我在对面墙壁上看到的影子清楚多了，尤其是那些花儿，更是好看极了，每一片花瓣，每一个颜色，真是让人赏心悦目。

柏拉图：你不能总是寻找影子啊。

记者：第三阶段，我才发现洞穴外有那么多真的人，真实的花朵，我终于明白原来这些影子的背后有真实的事物存在着。

柏拉图：如果你仰望星空，你会看到什么？

记者：我在黑暗的地方待久了，自然习惯于先是发现夜晚的星星，夜晚的月亮，后来我终于发现了那个最大、最亮的太阳。我终于明白……

柏拉图：你终于明白什么啦？醍醐灌顶似的。

记者：晚上的星星和月亮似乎也是某个东西的影子，而唯有太阳才不是某种反射出来的东西。

柏拉图：有点进步。

记者：我终于明白，我以前在洞穴里看到的东西都是太阳光照射一些物体而创造出来的影子，太阳是万能的神灵，是太阳让我们看到万物和它们的影子，可以说，没有太阳就没有万物，就没有世界，就没有一切。太阳是万物存在的理由，也是一年四季得以存在的理由，自然也是春天万物复苏的理由。我们这些一天到晚待在洞穴里的人，简直就不是人，都是一些瞎子，睁眼瞎，没有眼珠子的睁眼瞎。好可怜啊。我们那些人还经常比赛谁记住的影子多，谁记住的声音多，好多人得了冠军，高兴得手舞足蹈，不可一世，想想很是好笑啊。

柏拉图：但毕竟只有少数人是待在洞穴里的呀。

记者：你错了，撇开我们是进行学术探讨不说，其实，在这个世界上，没有人生活在阳光普照的世界，人人都在洞穴里。如果说有什么不同，那就是有的人意识到这一点，有的人意识不到这一点而已。

柏拉图：或许你说得对。不过你不要再胡思乱想了，你该回到你的洞穴里了。

记者：啊，杀了我吧。

柏拉图：假如吧。

记者：好吧，假如我再次回到洞穴里面去，我肯定会觉得非常不适应。

柏拉图：原因是?

记者：很简单，我从明亮之处一下子回到幽暗的洞穴，肯定是什么都看不见，以前我能看到的影子现在都看不见了，以前我还能与其他人比比看谁记住的影子多，谁记住的声音多，如今我是两眼一抹黑，哪敢跟人家比啊。那些人看我灰头土脸地回去了，一个个笑话我，说我早知如此何必当初，他们说出来的话肯定是很难听的。想想遭遇如此尴尬，我真的不该到洞穴口去。如果我知道是谁把我放出去的话，我一定会把他们杀掉的。

柏拉图：你真是以怨报德啊，人家是一片好心肠，倒是被你看作驴肝肺了，真是让人心寒啦。假如那些从未见过太阳的人并不知道你到外面来过呢?

真知识或是存在的

记者：你就不要左一个假如右一个假如了，你如此三番五次折腾我，意欲何为？是不是有点变态啊？

柏拉图：我知道你受委屈了。简单一点，我就直来直去给你总结一下吧。

记者：越快越好。这种男一号还是不当的好。

柏拉图：我之所以把你和那些人关在洞穴里待着，我是想告诉你，我们人类中的绝大多数人都是待在洞穴里的，他们没有头脑，没有理性，没有思想，连最基本的判断黑白的能力都没有。这是其一。

记者：根据我对人类的研究，你的这个观点，我不反对。后来欧洲有一个大哲学家康德也是赞同你这个观点。

柏拉图：康德如何说？

记者：康德说：绝对多数人都是生活在蒙昧之中的，尤其是，绝大多数人虽然生活在蒙昧之中，但自己并不知道是如此，好多人甚至认为自己比任何别人都文明百倍。就绝大多数人来说，人能够走出蒙昧生活，几乎是难于上青天。只有极少数的人，甚至是只有几个人，能够完全凭借自己的心灵努力，去挣脱暗无天日的蒙昧，而稳健地往前走，而一直走到阳光地带。是不是这个意思?

柏拉图：正是，英雄所见略同。

记者：快说其二。

柏拉图：其二，正是因为绝大多数人都是生活在洞穴里，越发显得教育的绝对必要。教育是干什么的，你知道吗?

记者：传授知识呗。

柏拉图：错，教育就是要把人从黑暗中带到光明中来，教育的作用不是要教给人多少知识，而是要改变人们观察世界的方法，人要朝着阳光看，而不要朝着黑暗看。唯有如此，人才能成为一个健全的人，才能最终摆脱愚昧，才会有新生的。

记者：那你又把我再次扔回到洞穴里，到底是什么意思?

柏拉图：我只是想告诉你，即便你有幸看到太阳，即便你有幸获得知识，即便你有幸脱离苦难，但你终究会回到普通人中间去，去忍受人间的苦难，去像那些你最瞧不起的人一样生活，面朝黄土背朝天，最终都是草草了此一生。

记者：人生如此悲惨?

柏拉图：不是悲惨不悲惨的事情，这就是事实。

记者：你还想告诉我什么呢？

柏拉图：那就是：存在着两个世界，一个是洞穴世界，一个是阳光世界，我们虽然在洞穴里只能看到实物的影子，但终究在影子的背后，我们能够看到一种真实的存在，也就是说，在虚幻世界的背后，还是确实存在某种被称之为“真知识”的东西。

作为万物“摹本”的理念

记者：提到你的“理念论”，真是如雷贯耳，可谓是无人不知，无人不晓。

柏拉图：不至于吧，不过此理论在我的体系中确实处于最核心的地位。如果你不清楚我的“理念论”，你也就难以抓住我哲学的根本。

记者：何谓理念？

柏拉图：爱美之心，人皆有之。美就是一个理念，我们就从分析美这个理念的由来开始吧。为便于你理解理念论，我先把结论告诉你：所谓理念，就是指那些不变的、永恒的、非物质性的本质或原型，而我们所看见的事物，不过都是对这些理念的拙劣的模仿。这就是结论，你记好了。

记者：谢谢啦！我记住了。

柏拉图：我们如何去把握美呢？大概的流程是这样的：首先我们只能通过一个个特殊的美的东西来领会美，感知美，如一个美的房子，如一座美的山，如一个美的姑娘，等等。

记者：通过个体的美，来感知有限的美。其次呢？

柏拉图：其次，通过有限的事物或者说形态来把握美是远远不够的，当我们从这种诉诸有限事物来把握美的阶段走过以后，我们很快就察觉到这种形态的美与那种形态的美之间存在着某种“类似性”，于是乎，我们就会从一种特殊形态的美走向美“在每种形态中都是同一的”这一认识。

记者：是这样，也就是说：所有的美都具有相似性。在这里，美似乎从某种具体的事物转向了有点抽象意味的美的概念了。

柏拉图：你还真跟得上我的思路。当一个人，或者你，或者我，发现了美的一般本质时，你对那个特定事物的狂热的爱将会逐渐减轻，一步一步地将这种具体的美视为一种无足轻重的存在，于是，你便会从一个特定的个体的美的热爱者成为一个所有形态的美的热爱者。

记者：应该是这样。

柏拉图：到了第三个阶段，在你的眼中，也包括在我的眼中，心灵之美要远远超过外表形态之美，当我们把美的汪洋大海尽收眼底，在对智慧无限的爱慕中，我们将创造出许多崇高美好的思想，到了最后，在我们面前展示出来的将是关于一切美的科学。

记者：文学味道似乎浓郁了些，最好归纳一下再往下说。

柏拉图：知道你有些听不懂，我的意思是说：各种各样美的事物，都指向一个美本身，每个事物都是由之而得到它的美的。但是，这个“美”不仅仅是一个概念，这种“美”有其客观实在性，这就是作为一个“美”的理念。

记者：你是说美是可以独立于那些美的或者不美的事物？

柏拉图：正是如此，理念中的美，是永存的，是不变的，是独立存在的，而超越一切。

记者：那这种理念存在于什么地方呢？

柏拉图：理念存在于一切事物之中，但归根到底存在于自身之中。

教育乃是一个回忆的过程

记者：依你之见，理念看不见，摸不着，那我们如何去发现它呢？

柏拉图：诉诸心灵，诉诸教育。

记者：如何“诉诸”？

柏拉图：理念虽然高高超越于当下，超越于形而下的存在，但它并非虚无缥缈而不可捉摸。人们通过心灵去把握理念，一般有三种形式。

记者：哪三种？

柏拉图：第一是回忆。

记者：回忆？

柏拉图：是的，我们的心灵，也可以叫作灵魂，在与我们的身体结合之前，就对理念非常熟悉了，回忆就是回过头去追忆这些前世即已存在的东西。

记者：前世？

柏拉图：没错，我们的心灵在与我们的身体结合之前，就是前世。当世的东西与前世的东西总是对应的，在你我面前的可见的事物，往往能提醒我们记忆其前世的东西。

记者：这与教育有关吗？

柏拉图：当然有关，教育就是教育者拿当下的事物不断提醒被教育者，以帮助他们去回忆前世的东西，而前世的东西就是理念。因此，发现理念的第一个手段，就是回忆，而教育就是回忆的助推者，正是借助教育，人们得以一步一步地发现理念的“庐山真面目”。

记者：其他手段呢？

柏拉图：诉诸辩证法。

记者：何谓辩证法？

柏拉图：超越现象，提炼本质，将各种知识之间的相互关系予以发现，这就是辩证法。

记者：归纳与推理呗？

柏拉图：可以这么说。

记者：还有别的方式吗？

柏拉图：有，我在《会饮篇》里说过，是人类的欲望，爱的欲望，占有的欲望，这种能力，如车头一般，引导着人类去研究、去把玩美的事物，由浅入深，由此及彼，由表入里，一步一个坑，直至最终认识存在的美之自身。

记者：还有呢？

柏拉图：那就是诉诸理性。

记者：何谓理性？

柏拉图：就是那种高于感性诉诸心灵的能力和力量。

科学：迷途羔羊

记者：科学，更具体一点地讲就是对自然的探讨与研究。我曾经将你们古希腊时期的自然哲学与印度文化、中国文化进行了比较，在那么早的时期，你们就有那么多的学者在认真地研究自然，研究宇宙的结构，研究宇宙万物的来源，真是不简单。尤其是古希腊哲学中的“原子论”更是了不得。即便是现代最前沿的量子力学理论，也能在你们古希腊的自然哲学中找到一些联系。不过，在看你的著作时，总有一种感觉，这种感觉就是觉得你似乎对科学这个东西并不感冒。

柏拉图：你还真说对了。

记者：你对科学的态度是不是与你的理念论有关？

柏拉图：一点不假。

记者：希望细细解释一下，后人把苏格拉底、你、亚里士多德都奉若神明，你们的一言一行都对他们影响至深。

柏拉图：没有想那么多，想到哪说到哪。很多人说苏格拉底不重视科学，其实这是误会了苏格拉底。早年的苏格拉底对科学是非常痴迷的，一段时间，他非常想弄清楚自然科学的每个哲学分支，他对弄清楚万事万物的内在原因都非常执着。

记者：那他为什么后来放弃了研究，进而还对人们研究宇宙和大自然冷嘲热讽呢？

柏拉图：说来话长，当苏格拉底去研究阿那克西曼德、阿那克西美尼、留基伯和德谟克利特等人的理论后，苏格拉底大失所望。

记者：原因是什么？

柏拉图：因为在如何看待宇宙和万事万物的本质与构成这类根本问题上，希腊的前辈们是公说公有理，婆说婆有理，彼此冲突，前后矛盾。苏格拉底因此感到在这类不可能有结论的问题上浪费生命简直就是犯罪，于是他决定抛弃科学。

记者：我想知道你的看法。

柏拉图：我对科学也是情有独钟的，但也是随着研究的不断深入，越来越觉得科学研究是一种无望的事业。

记者：何以如此？

柏拉图：我的理念论你是知道的，依据这个理论，世界的本质是理念的世界，也就是说实在的世界是理念的世界，唯有在理念世界才存在着某种绝对的、普遍的、不变的真理；而你我都能看得见、摸得着的世界，则是转瞬即逝的存在，在这个世界里，没有真理，连最基本的确定性都没有，一个不完善的世界，是不可能存在什么永恒的知识的。而所谓的科学恰恰就是在这个可见的世界里去寻找什么是真理，因而是根本不可能的。

记者：所以你说物理学这类东西都不过是“姑妄言之的东西”。

柏拉图：我说得没错啊，所有科学的东西都是“姑妄言之、姑妄听之的东西”。

《蒂迈欧篇》

记者：既然你认为科学只能姑妄言之、姑妄听之，那你干脆像你的老师苏格拉底一样，一门心思去琢磨“人间”的问题好了，何苦还要煞费苦心去研究什么宇宙呢？

柏拉图：关于科学，我的观点是旗帜鲜明的，我也没必要隐瞒自己的观点。科学就是研究可见因而也是瞬息万变的世界的事情，因此，科学充其量也只能算是一种可能性的知识，不值得去太过较真。

记者：没错，这就是你的观点。那我问你，你为何要写作《蒂迈欧篇》呢？

柏拉图：其实“人间”的问题，如道德、善恶、正义、真理，往往也与“天上”的问题联系在一起的。因此，作为一个哲学家，要建立起自己的哲学体系，就不可避免地要把宇宙的问题也研究研究，否则，你构筑的体系就是不完整的。

数字背后的秩序与目的

记者：你的这个观点我同意。“人间”问题与“天上”问题休戚相关，要想弄清楚这方面的问题，也就必须弄清楚另一方面的问题。但是，我有点纳闷……

柏拉图：你纳闷什么呢？

记者：宇宙在你的理论中，显然属于多变的可见世界，变动不居是其最基本的特点，既然变动不居，既然瞬息万变，你何以在其中看到目的性，看到秩序性，岂不怪哉？

柏拉图：原来是这个问题。我是借助毕达哥拉斯敏锐的双眼发现了宇宙世界背后的奥秘，也就是目的与秩序。

记者：怎么讲？毕达哥拉斯是一个“数”论者，在他看来，万物的根本是“数”，“数”是万物的灵魂，宇宙不过就是一本用数学写成的大书，数就是大自然的语言。

柏拉图：我倒没有把“数”的地位抬高到万物之“灵魂”的地步。

记者：你是说……

柏拉图：当我眼望蓝天研究天体的时候，我发现，宇宙各天体之间存在着严格的数学关系。

记者：具体点。

柏拉图：例如，行星的运行轨道就是精确地按照几何级数的间隔进行排列的，而我通过计算发现，行星运行轨道彼此之间的间隔安排，则是音乐中和谐音节的基础，也就是说行星运行规律与音乐之间存在着一定的关系。这个观察结果让我不禁联想到，万物并非来源于德谟克利特所说的原子之间的偶然碰撞，而是受制于某种严格的数理关系，这种关系就是规律。这个规律的存在表明，我们所面对的宇宙，并不是由某种狂野不羁的神秘力量组成的混沌状态，而是处在一种可以表达出来的智慧和法则指导之下遵循着秩序和进步的模式。

记者：我明白你的意思，你的意思是说：宇宙背后存在着某种思想，存在着某种目的，那这是谁的思想、谁的目的呢？

柏拉图：这个我倒没有仔细琢磨过，总之这种目的、这种秩序是存在的。宇宙或是某种理智的产物，宇宙中间万物正是根据这种理智而安排的。

记者：离上帝之说，仅仅是一步之遥了。

宇宙是有开端的

柏拉图：宇宙并不是本来就有的，而是由神——“德谟革”或“天工”创造出来的，我把这个神也称作“创造者”和“宇宙之父”。既然有出生，宇宙必然也与人一样，同样会有死亡。

记者：根据《圣经》，神的形象也就是人的形象。你的“德谟革”也是如此吧？

柏拉图：不一样，这个创造者是难以发现的，即使发现了也不可能把它向众人宣告。

记者：你凭什么断言宇宙不仅是完善的，而且是美好的呢？

柏拉图：这个道理其实也很简单。宇宙的创造者本身就是善良之辈，从无嫉妒作恶之心，因此他也希望周围的一切与他一样完善。

记者：你的意思是说：神创造宇宙是为了体现善，至善者必定要善，也必定希望一切都趋向于善。

柏拉图：和你说话还真不累。神创造万物，并将万物从混乱无序的状态调整得井井有条，其良苦之用心，我们人类当感念上苍。

宇宙是一个有理智的生灵

记者：神是如何让宇宙也成为一个有理智的生灵的呢？

柏拉图：创造者在反思可见事物时发现，无理智的生灵没有一个能比有理智的生灵更好。因此，他在建构宇宙时就将理智放入灵魂，将灵魂放入躯体，这样一来生成的宇宙就是一个由神的旨意赋予灵魂和理智的生物。宇宙是一个庞大的生物群落，在其群落中，还包含着众多与其类似的生物。

宇宙的躯体和灵魂

记者：你是说宇宙不仅有躯体，而且还有灵魂？

柏拉图：是的。创造者所创造的宇宙世界包括躯体和灵魂。与至高无上神秘莫测的创造者本身不一样，作为被创造者的宇宙是有形体的、是可见的、可以触摸的。创造宇宙就必须有火，有固体，而有固体就必须有土。因此，神创造宇宙一开始就用火与土构成宇宙的躯体。同时，又把水与气置于火与土之间，使他们彼此都保持着相同的比例，这四种元素按照比例结合构成了宇宙。由于宇宙的构成比例匀称，结构合理，因而创造者创造的宇宙自然也就是和谐协调，充满着友爱精神，除了造物者外，没有任何一种力量能够把宇宙予以肢解。

记者：宇宙的灵魂呢？

柏拉图：别急！创造者把圆形赋予宇宙，并让宇宙在同一地点作圆形旋转运动，也是用心良苦。在神的眼中，唯有圆形是最美的，也是最好的。圆形的运动就是心灵和灵魂的运动。神把灵魂安置在宇宙的中心，灵魂从中心逐步扩散到整个宇宙，又包围在整个宇宙的外表。如此一来，我们的宇宙就成为一个十分完整、十分完美的球体了。宇宙，自足自在，无比惬意，真是一个有福的神啊！

灵魂是躯体的统治者和主宰

记者：你的宇宙不仅是善的，而且也是拥有灵魂和理智的生灵了。通过研究神创造宇宙世界的次序，我发现是躯体在前而灵魂在后。那么我不禁要问：是灵魂主宰躯体，还是躯体主宰灵魂呢？

柏拉图：创造者确实是先创造出躯体，然后才把灵魂植入躯体之中，但这并不意味着躯体的重要性要高于灵魂，恰恰相反，灵魂在生成和优越性上是先于和优于躯体，是灵魂主宰躯体，而不是躯体主宰灵魂；灵魂是躯体的统治者，而躯体绝不是灵魂的统治者。

记者：原因何在呢？

柏拉图：创造者在按照自己的意愿造就灵魂之后，就在灵魂之中塑造了有形体的宇宙，并把两者放在一起，中心对中心。我在前面已经说过，灵魂从宇宙中心扩散到各处，逐渐充塞着整个宇宙，并且从外缘包裹着宇宙。灵魂自身则不断运转，于是一种神圣的、永恒的、无休止的理智的生活就此开始。天的形状是可见的，而灵魂则是不可见的。灵魂可以分为理性和和谐，它是由最卓越的理智的和永恒的东西所构造出来的事物中最好的事物。灵魂一接触任何存在事物，就能做出判断。而当涉及可感事物时，就会产生意见和信念，而当涉及理性事物时就能产生理性和知识。正因为灵魂拥有如此多的优越性，它自然就成为宇宙的统治者和主宰者。

记者：在当时科学如此落后的情况下，你能对宇宙及其精神现象作出如此深入的判断和推测，也真是难为你了。宇宙，也包括地球是否具有某种生命特征，直到今天都是一个前沿课题，公说公有理，婆说婆有理。

柏拉图：与宇宙比起来，人类太过渺小，也太过年轻。可以说这是一个永远也研究不清楚的课题。

关于“地球”

记者：咱们说说地球吧。

柏拉图：首先我要告诉你，地球这个概念就是我第一个提出来的。

记者：不对吧。经我考证，最早提出“地球”概念的应是你的学生亚里士多德吧？

柏拉图：大错特错。亚里士多德只不过是通过观察月食证明了地球是圆的这个事实。而真正提出这个概念的是我，也就是说我是“地球”概念的发明人。

记者：你是如何提出这个概念的？

柏拉图：宇宙中最完善的形式是球形，因而人所居住的大地也应该具备最完美的形式，大地只有呈球形才适应“宇宙和谐性”和“数”的要求。于是我提出了地球这个概念。

记者：那为什么好多人只知道亚里士多德，而不知道是你提出这个概念呢？

柏拉图：当时我参加了古希腊的一个学术组织，这个组织将我的研究成果视为组织内部所有，对外严格保密，因此“地球”观在很长时间未得到传播。

记者：哦，原来如此。

关于天人合一思想

记者：有人说你的《蒂迈欧篇》是你《理想国》的姐妹篇或续篇，一篇是政治论文，一篇是自然科学论文，怎么能说成是姐妹篇呢？你在你的《蒂迈欧篇》中，一会儿谈人间的政治体制，一会儿谈宇宙的内在法则，这两者之间有什么关联呢？

柏拉图：你是真的不懂，还是明知故问？你们中国的汉朝有一个大儒，名字叫董仲舒，他写过一本书，书名叫《春秋繁露》，他不是也是一会儿经天纬地，一会儿纵论人伦政治，似乎人间政治与宇宙天地就是一回事似的。你为什么就不觉得奇怪呢？其实，我的想法与董仲舒没有什么区别，如果有也是大同小异，这个你懂的。

记者：我们中国人把董仲舒的思想概括为"天人合一"思想，意思是说我们人间地上的事物，必须与宇宙天体之间保持某种和谐，某种一致，当人间与天体之间保持和谐时，地上万物就会很好地存在下去，就会繁茂旺盛。反之，如果两者失去和谐，失去平衡，就会导致矛盾，就会导致不和，就会出现死亡与灾难。

柏拉图：董仲舒是大家，我的观点与他的思想不谋而合。

记者：真的吗？

柏拉图：好多人看我的书，觉得晦涩难懂，看不懂，说我故弄玄虚。其实是他们不理解我的观点。如果他们了解你们中国人说的"天人合一"理论，看我的书就会觉得很轻松，很好懂的。

记者：或许是吧。

柏拉图：人类，你是知道的，经常遭遇自然灾害的打击，为什么会出现这种情况呢？原因就在没有处理好与天体和大自然的关系。你看看，在天上，有星体的运动和变迁，而在人间则有政治与人事的变化，人间的事情之所以如此，其真正的原因不在人间，而在天上，也就是说，人间的变化是由天上的变化引起来的。事实上，天和地之间是一一对应的关系，地上的某个区域，总是对应于天上的某个区域，当天上的某个区域出现变化时，自然就会引起地上某个区域的变动。

记者：更深层次的原因是什么呢？

柏拉图：这个我能说得清。

记者：愿闻其详。

宇宙法则

柏拉图：宇宙之间有两大法则，一个是整体决定个体，一个是在上者决定在下者，有这两条就足够解释“天人合一”的原因了。如果将宇宙与地上万物放在一起，我们不难看出，前者是整体，是在上者，而后者是个体，是在下者。当个体违背整体，自然就会遭受整体的摧毁。当在下者不自量力，企图挑战在上者的权威时，就会如那些敢于挑战猫类权威的耗子一样，其下场必然悲惨无比。

记者：或许言之有理。你为什么对自然的研究如此重视呢？

搞不清楚自然，就搞不清楚人类

柏拉图：不管你是如何看的，我始终是赞同我老师苏格拉底的观点，就是对人的研究是所有研究的出发点和归宿，也是所有知识的出发点。但是，如果对自然缺乏深入的研究，就不可能把人的问题研究好。

记者：你的意思是说把自然研究好，也会为你的“理想国”的建设提供好多借鉴。

柏拉图：借鉴，太轻描淡写了！在我的“政治学”中，最好的城邦政治就是神治政体，这个政体奉行这样一个原则，那就是低等的存在物必须受制于高等的存在物，动物受制于人，人受制于神。

记者：那一旦人成为城邦的首领呢？

柏拉图：他就必须学会模仿神的政治，而要做好模仿到位，就得研究神、琢磨神。

记者：越说越玄乎。

柏拉图：其实，这里的神就是自然，就是宇宙。

记者：原来如此。

16 万物皆有其目的

——对话亚里士多德

引　子

当亚历山大大帝以一种气吞万里如虎之势狂扫希腊大地之时，亚里士多德（Aristotle，公元前384—前322年）也以自己傲视群雄的哲学征服了世界。亚里士多德建构了一个百科全书式的思想体系，这个体系几乎囊括了天下所有的知识，博大精深，神圣得令人望而却步。巅峰之上的亚里士多德，简直就是人间智慧、思想与学说的最伟大的神谕代言人。他通过征服托马斯·阿奎那而征服了基督教，让基督教世界相信他们的《圣经》是可以与亚里士多德的著作放在一起供人们膜拜的。

越过阿尔卑斯山之巅，必然就是下坡。跨越了中世纪以后，亚里士多德主义就走向了自己的滑铁卢。他的物理学、天文学、政治学、美学、当然还有他的形而上学和认识论，都遭遇史无前例的挑战。如今其思想体系被越来越多的人认定是错误的东西要远远多于正确的东西，因而总体上已是价值有限。亚里士多德说，人们所观察、思考、接受的东西没有一样是不能经受严格分析的。也就是说，凡是不能接受严格检验和分析的都将是错误的。他自己学说的命运就是对他自己这句话的最好注脚。

并非因为真理

记者：公元前347年，到底发生了什么事?

亚里士多德：天大的事。

记者：什么天大的事？

亚里士多德：就在这个不幸的年份，我最敬仰的人、我最爱的恩师——柏拉图，永远地离开了我们，从此，悲伤与我如影随形。

记者：还有呢？

亚里士多德：没有了。

记者：不，还有，就在这一年，你离开了柏拉图创办的大学，远走高飞，我真想知道，柏拉图去世以后，学院人才青黄不接，非常需要你这样的高才生支撑门面，而你却选择离开，究竟是什么原因导致你作出如此决定？

亚里士多德：我想到外面喘口气。

记者：不是吧？关于你出走学院的原因，历来有很多版本，有人说你虽然热爱柏拉图，但你不喜欢柏拉图的真理，你要自立门户，你要创立自己的体系，你要创立自己的真理，所以你要离开柏拉图学院。有人说……

亚里士多德：还有什么说法？

记者：有人说，由于你经常不留情面地批评柏拉图的学说，惹得柏拉图非常不高兴，一些资料说，柏拉图曾经说过你是一头吸干母奶就踢娘的小驹子，有这回事？

亚里士多德：有的。

记者：看来柏拉图对你还真有意见，柏拉图临死的时候，他并没有把学院交给你，反而把学院的管理交给一个能力平平的人，据说此人是柏拉图的儿子。

亚里士多德：不是，接管学院的人，不是柏拉图的儿子，而是柏拉图的侄儿，我记得他的名字叫作斯彪西波（Speusippus）。

记者：失望之极，所以你愤然离开了学院。

亚里士多德：你是想听真话，还是想听假话？

记者：自然是你的肺腑之言。

亚里士多德：我17岁就进入柏拉图学院学习，没有柏拉图，就没有我亚里士多德。但是，我对柏拉图安排他的侄儿接管这所伟大的学院，非常之反感，因为，一个无能的人当一座大学的校长，迟早会毁掉这个学校的。在一所注定会被毁掉的学校再待下去是毫无意义的。这是我离开的原因，与我要寻找的真理无关。

不想让雅典对哲学再次犯罪

记者：柏拉图一死，尤其是你一离开，学院就一蹶不振了，很可惜啊！

亚里士多德：天下没有不散的宴席，天下没有不灭的王国。区区一个学院，生生灭灭，十分正常。

记者：柏拉图是一个经天纬地的哲学家，但在选人用人方面，却犯了一个天大的错误，不过旧的不去，新的不来。

如果你不离开柏拉图学院，也就不会有你后来的吕克昂学院了。

亚里士多德：确实如此，所以说，死亡也是新生的开始。

记者：我想知道，你的吕克昂学院与柏拉图学院有什么区别？

亚里士多德：柏拉图创办的大学叫学园，是用柏拉图的名字命名的，就叫“Plato Academy”，由柏拉图创办于公元前 385 年左右，以后历代相传，直到公元 529 年被查士丁尼大帝查封为止，前后延续将近千年之久。我本人就是这个大学的第一届毕业生。

记者：柏拉图以你为荣啊！

亚里士多德：不说这个也罢，柏拉图学院的两个根本点是开放性的研讨学风和以数学为最重要的研究对象。柏拉图真是了不起，他在很早年代就意识到学习数学对于思维至关重要，因此他在学院门楣上铭刻了“不习几何者不得入内”这一警句。柏拉图学院开办之初并无房舍，只是雅典城外纪念英雄 Hekademos 的公园，其中有健身房、林地、散步小径，但都是公共场所。柏拉图私人购置的物业也只是公园旁边带有花园的房屋，其后柏拉图又在附近建造了一所缪斯神庙。柏拉图的房舍面积不大，大约只能用于其个人的居住、进餐、休息之用，因此学院相当部分的教学活动是在公园中公开进行的。

记者：如此简陋，也真难为柏拉图了。柏拉图经常给你上课吗？

亚里士多德：柏拉图很少给我们上课，柏拉图在学院中发挥的作用，主要在于推动、评论、劝导，而不是人们想象的进行讲授、教导、示范。

记者：据说柏拉图学院特别重视数学的教学，是吗？

亚里士多德：是的，柏拉图学院继承了毕达哥达斯的传统，对数学极为重视，因而学院研讨也以数学为主。但是数学并不是柏拉图本人之所长。

记者：我更关心两所大学的不同点。

亚里士多德：与柏拉图学院比较起来，我的学校要正规多了，归根到底是柏拉图没有钱，而我则不同。我招收的学生要比柏拉图学院多得多，为了管理好这所大学，我制定了严格的规章制度，对那些不服从管理的学生予以严格的处理。另一个不同点就是两所大学设置的课程不同，柏拉图学院偏重于数学、思辨和政治哲学。而我的大学则以教授生物学与其他自然科学为主。尽管如此，两所大学的教学风格是差不多的，自由讨论，开放办学。不像你们现在的大学，一个个学生都像机关干部似的，教师与学生之间也好像是上下级似的。我经常带着学生围绕体育馆散步，一边散步一边研究学问，优哉游哉。所以有人把我说成是逍遥学派的祖先，挺有意思。

记者：你对自己的学院显然是很满意的，但我不明白，你竟然也突然离开了学校，难道也是因为内部的什么纷争？

亚里士多德：还真不是。

记者：那为什么？

亚里士多德：一言难尽。

记者：难尽也得说说啊，这是一个很多人都想知道的谜。

亚里士多德：既然你非得打破砂锅问到底，我就告诉你，我是担心雅典人杀了我，这样他们就会对哲学犯下第二次不可饶恕的罪恶。我是不愿意看到的，就是这一点。他们对苏格拉底已经是犯罪了，苏格拉底，一介书生，仅仅因为提出了几个与统治者不同的观点，就把他判处了死刑，一个不好的先例，一个恶劣的先例。任何一个社会，不管是什么阶层掌权，都需要坚持基本的思想宽容，没有宽容，就不会有人去思想，没有思想，社会就成为一辆没有动力的机器。雅典的那帮所谓的民主派，打着民主的旗号，干的全是诛杀异己的勾当，是可忍孰不可忍！

记者：欧洲历史上这样的例子真是不少，这是欧洲的耻辱。

亚里士多德：是的，一个永远都无法饶恕的罪恶。

记者：你为什么有如此预感？雅典人为什么要置你于死地呢？

亚里士多德：你该知道，消灭希腊的是马其顿国王腓力二世和他的儿子亚历山大大帝，他们父子对我的父亲、对我本人都是非常照顾的，无论是科学研究，还是在日常的生活上，我们家几乎享受到皇家一样的生活。没有他们皇家的支持，也就没有我亚里士多德的今天。

记者：理解。

亚里士多德：公元前323年6月，我的学生，也就是伟大的亚历山大大帝去世了，城门失火殃及池鱼，雅典社会中长期被压抑的反马其顿势力迅速表现出来了，我感到恐惧，雅典人对我动手恐怕只是迟早的问题了。我的一些朋友私下偷偷告诉我说，雅典的祭司长欧里米登列出了一份针对我的控诉书。

记者：他们要起诉你什么？

亚里士多德：他们诬蔑我说祈祷和供祭是毫无价值的事情。

记者：于是你在亚历山大大帝去世的次年，也就是公元前322年的春天，就离开了你心爱的学院，隐居到一个荒凉的小岛上，走完了人生最后也是最让你忧伤的一段。

亚里士多德：是的。如果我继续待在舞台上，我的命运或许与苏格拉底一模一样。

记者：你的选择，挽救了自己，也让雅典免于再次对哲学犯罪，从某种意义上为雅典提供了一次赎罪的机会。

亚里士多德：可以这么说。

记者：哲学史家第欧根尼·拉尔修说你是喝了毒酒死掉的，是这样吗？

亚里士多德：纯属谣传，我是得了不治之症，我是病死家中，不管怎么说，还算是寿终正寝。我不会喝那毒酒的。

亚历山大的伟大

记者：你的老师柏拉图、你的老师的老师苏格拉底似乎对自然科学之类的研究并不感兴趣？

亚里士多德：你说得太轻描淡写了。在他们看来，人们就不应该把精力放到研究诸如物质的结构、物质的形式、物质的本性这类问题上来，在他们看来，研究这些东西就是浪费生命，就是在空耗精力。在他们看来，研究人、研究国家、研究道德问题，才是哲学们该干的事情。在这种思想指导下，他们就不可能去研究什么物理学、化学、生物学……总之，凡是与自然有关的东西，他们都厌恶去进行研究。

记者：你为什么与他们差别那么大？

亚里士多德：这个问题很好回答。我从小就生活在一个注重学问、热爱科学的家庭。你或许知道，我的父亲是我们国家，也就是马其顿王国国王阿敏塔斯的好朋友，也是地位显赫的御医。

记者：阿敏塔斯就是那个大名鼎鼎的亚历山大大帝的父亲吧？

亚里士多德：你说错了，是亚历山大大帝的祖父。在这样的家庭里，我不可能不受到科学的熏陶。哲学家大多容易在宗教的环境中培育，像我的家庭就适宜于造就科学家。因此，家庭环境是让我成为科学家的关键原因，至少是之一吧。

记者：亚历山大对你的支持是不是原因之一呢？

亚里士多德：自然是。亚历山大是一位蛮横无比的公主与狂傲不羁的国王情感结合的产物，他的志向就是征服天下，而与我们这些只希望从思想层面征服天下的人不同。但是他确确实实对科学与哲学存在热爱之情。他给我钱，给我物，派人帮我收集数不胜数的标本和样品，没有这些，任何科学研究都是瞎掰。就是今天也是如此，离开那些掌握钱财分配权的政治人物的支持，科学家就是一些毫无价值的存在，搞不出任何名堂出来的。

记者：看来卜林尼的说法是对的。

亚里士多德：卜林尼是谁？他又说了什么？

记者：卜林尼，罗马学者，三十卷本的《自然史》就是他写的。卜林尼说，亚历山大曾经昭示猎手、猎场看守人、园丁、渔人为你收集一切你想要的动植物材料。还有一些古代作家，我记不住他们的名字了，想起来再告诉你。这些人说被亚历山大使唤用于为你到希腊和亚洲各地收集动植物标本的人竟然达到上千人。

亚里士多德：至少是这个数吧。

记者：古希腊语法学家在他所写的《欢宴的智者》中说，亚历山大提供给你用于置办物理和生物实验设备和研究用的费用，是八百泰伦特，这些钱相当于现在的四百万美元，换算成我们中国的人民币就是3000多万。绝对是一笔不少的资金啊！

亚里士多德：确实是这样的。如果不是亚历山大的帮忙，我派不出那么庞大的科考队伍去研究尼罗河的源头到底在哪里，源头都闹不清，如何才能搞清楚尼罗河泛滥的原因呢？如果没有亚历山大的支持，我纵使有三头六臂也无法编辑齐158部宪法的摘要啊！

记者：亚历山大绝对伟大，古今中外找不出比他更重视科学的君王了。倘若今天各个国家的统治者能有一半亚历山大的样子，还能有什么科学难题不能攻克呢？

柏拉图改变了哲学的方向

记者：我记得在苏格拉底、柏拉图之前，希腊哲学家是很热衷于研究自然科学的，是苏格拉底、柏拉图改变了哲学的方向。

亚里士多德：哲学与科学之间本来是没有矛盾的，科学的任务在于获得关于实在的知识，而哲学的目标在于正确地解释这些成就并阐明其最深刻的意义。如此一来，哲学与科学之间就不可能存在任何矛盾的了。科学的真正成就既不能被哲学所取代、被哲学所更改。同样，哲学的研究也不应该代替对自然科学的研究。

记者：应该如此。

亚里士多德：但是苏格拉底和柏拉图并不是这样做的，他们高举哲学的旗帜，而把科学的这面旗帜踩到地上，你说应该不应该？

记者：不应该。

亚里士多德：苏格拉底、柏拉图这样做，并没有挽救哲学，相反，这样做在毁掉科学的同时，也彻底毁掉了哲学。

记者：离开了科学，哲学就成为无源之水，无本之木。哲学越往后走，路子就越窄，如今哲学远离了科学，走入迷途，只能搞点公说公有理婆说婆有理的事情，除了做点语言分析的营生实在是无事可干了。

亚里士多德：这是哲学的黄昏啊！

生命之链

记者：而你就不同了，你是否定之否定，你又把被苏格拉底、柏拉图改变了的哲学方向又重新扭转了过来。因此，从某种意义上讲是你拯救了科学，顺带着也拯救了哲学。没有苏格拉底、没有柏拉图，照样有哲学，但如果没有你，科学似乎就难以重见天日了。

亚里士多德：听你这些话，我是心花怒放，似乎并不夸张，我很受用。不过这确实是事实，历史的本来面目就是如此。

记者：通过研究你的那些著作，感觉你对生物学的研究情有独钟。

亚里士多德：我自己就有一个很大的动物园，每天徜徉在各种各样的动物中间，研究这些动物，确实是我人生最大的乐趣。

记者：肯定也是收获很大吧。

亚里士多德：那倒是！否则我不就是吃饱饭没事干了？

记者：说来听听。

亚里士多德：与这些动物待在一起，时间越长越发现存在这样一种现象，也就是各种各样的生命形式可以连接成一个有顺序的链条，其中每一个环节与上下环的差别都不大，从最低级到最高级，生物体在体格构造、生活方式、繁育后代，以及感觉和情感等方面，每一个环节只比上一个环节有微不足道的进步而已。

记者：微不足道的进步而已？

亚里士多德：没错，在等级的最底层，我们几乎分不清什么是“活”的，什么是“死”的。

记者：那么在无生命的无机界与你说的“生命王国”之间，你发现了什么？

亚里士多德：你这个问题提得很专业，我告诉你：两者之间的界线极端模糊，几乎不存在。因此我怀疑人们说无机界没有生命可能本身就是一种错误的说法。

记者：你是说无机界也存在着生命？

亚里士多德：准确地讲，应该是“或许”吧。总之，根据我的观察，在无机界与有机界之间、在一些植物和动物之间，彼此确实非常相似，它们之间的不同确实有时候微乎其微，一些物种，有时候你很难将它们归类为动物、植物，还是归类为无机物。

记者：你的观察真是很仔细。不过我有点不明白，你周围女人无数，你整天跟她们厮混在一起，可你却说女人的牙齿比男人少，你的观察力可不怎么样呀。

亚里士多德：嗨，你就别笑话我了。你难道要求我句句都是真理？

记者：尽管你并不同意万物都拥有生命，但我觉得你总是从生物学，即是从生命的角度去观察世间的万事万物，去把握所有的存在。我感到你的哲学理论和哲学思想基本上都是从生物学推演和派生出来的。

亚里士多德：你的研究如此细腻，我觉得你应该算是我的“学术知音”。你说得很到位，我就是喜欢从生物学的角度去推演一切存在。

记者：你在《物理学》中说“大自然是形式战胜实质，是永恒的进步方式，是生命的最终胜利”，这句话到底是什么意思？我只能朦朦胧胧地理解你的意思。希望你给予解释。

亚里士多德：你结婚了吗？

记者：快20年了。

亚里士多德：是否已有孩子？

记者：女儿，花季的年龄，十六七岁。

亚里士多德：并非风马牛不相及。知道你有结婚和生育子女的体验，我就好解释你问的那句话的意思了。

记者：原来如此。

亚里士多德：在由男人和女人所组成的婚姻系统中，对于繁衍后代延续香火这件事来说，女人代表着被动的一方，有点类似等待被塑造的黏土，在我的著作中，我将这种状态命名为“实质”，也就是当下的这种状态。而男人则代表着主动的一方，有点类似从事塑造工作的陶工，在造就生命的过程中，显然属于积极的未来状态，这种状态可以命名为“形式”。

记者：你问男孩女孩，是什么意思呢？

亚里士多德：如果你生育了男孩，说明男人的形式战胜了女人的实质，说明事物在往前发展。而如果你生育了女孩，说明男人的形式未能战胜女人的实质，事物在原地打滚。

记者：有意思！你说的这个道理具有普遍适用性吗？

亚里士多德：当然喽！世间万事万物都是形式与实质的

有机结合体，可以说事物既是形式又是实质。形式高于实质，引领着实质，但又是从实质或者构成事物的具体原料中产生出来的，而形式则推动着实质不断前进，并能产生更加高层次的实质。

记者：可以通俗一点吗？打个比方也行啊。

亚里士多德：OK！如果说成人是形式，那么孩子就是实质；如果说孩子是形式，那么胚胎就是实质；如果说胚胎是形式，那么卵子就是实质。以此类推，直至实质的概念变得完全模糊，而成为没有形式的东西。

记者：颇有点形而上学的味道。

亚里士多德：你要知道，每种事物都必须有形式，因此没有任何形式的东西自然就是某种虚无了。就广义而言，实质只是形式的可能性；形式是实体，是实质地完成了的本体。实质的本性是阻碍性，而形式则具有面向未来的构建性。

记者：在构建事物的过程中，形式具有关键性的作用，是不是？

亚里士多德：自然是。形式不仅仅是事物的外部形式，而且是唯一的形成事物的力量，这种内在的必然性，这种生而具备的推动力，可以将单纯的原料塑造成为符合某一特定外形的东西。这种存在于实体内部而促使事物不断进化的能力，是世间万物得以进化的原动力。这种力量的不断实现，就必然导致万物的不断出现。

大自然不会徒劳地做任何事情

记者：**你是不是说世间万物（自然包括有机界的事物，也包括无机界的事物）的变化存在某种明确的目的性和指向性？**

亚里士多德：是的。法国耶稣会神学家德日进坚信人类的进化有着内在的目的性，这个目的就是德日进笔下那个神秘的“欧米加点”（Point Omega）。当人们请教这位伟大的神学家这个“点”到底在哪里时，德日进严肃而认真地告诉人们：这个“欧米加点”“在时间与空间之外”……或许有一个人理解了德日进的“欧米加点”，他就是马歇尔·麦克卢汉（Marshall McLuhan），出生于加拿大的一位思想家，也有人称其为“20世纪原创媒介理论家”，此人独创的“地球村”一词如今已经是家喻户晓了。麦克卢汉曾经阅读过德日进的著作，从德日进独创的另外两个词“人类智慧圈”和“地球思维名片”，人们不难感觉出麦克卢汉与德日进思想上的共通点。法国哲学家亨利·柏格森（Henry Bergson）相信生物有机体的演化是由某种神秘的“生命力”所驱动，而这种神秘莫测的“生命力”就是生物进化的主要动力。

记者：你的观点似乎更加具有原创性。我看过德国哲学家伊曼努尔·康德于1784年写的一篇文章，文章的题目叫《具有宇宙目的的普遍历史》，康德说宇宙万物的变化，本身就是一个具有明确目的性的自然过程，在大自然的运动的背后，隐藏着不为人知的“秘密计划”。我感觉你的观点与康德的观点很相似，当然你是原创性的，而康德或许是从你处学来的。

亚里士多德：应该是吧。你们把康德看成是什么大哲学家，其实他就是那么回事。他对宇宙的本源也是一头雾水，他只能在认识论范畴绕来绕去。他的书你看再多也不会收获到多少东西的。

记者：也只有你这样的大家才可以对康德进行如此评价。

亚里士多德：不说康德了，还说我们的目的性理论吧。世间万物莫不是自然而然地朝着某个具体的目标在前进，决定着事物的原因多种多样，其中起到决定运动目的的最根本原因，构成决定性的力量。

记者：好像有点绕口令似的。

亚里士多德：哲学就是这样，需要耐着性子听。

记者：或许是吧。

亚里士多德：就我们所提到的那些实质性的物体，自身存在巨大的惰性，这种惰性严重阻碍着万事万物的发展与进化，自然界中各种停滞不前现象的出现，乃至各种荒谬不堪事情的出现，都是因为这种原因在作怪。相反，世间万物一旦在某种目的的引导下，就会走向阳关大道的。

记者：你是说事物的成长可能会存在某种精神性的生命原理的指导？

亚里士多德：千真万确。任何成长都不是任意的，也都不是偶然的。事物都由内在的本性、结构和某种更加深奥的生命原理在引导着，而沿着一条明确的方向在无限地往前发展。

记者：举例说明。

亚里士多德：好的。在鸡蛋的内部早已存在某种设计，而决定着这个鸡蛋会孵化出小鸡而不是小鸭子。在橡树籽的内部也存在某种力量，决定着这些种子会造就出橡树，而不是梨树或者别的树苗。

记者：好懂多了。不过我想知道这种决定万物进化的力量源自何处？

亚里士多德：是事物内部所固有的，来自事物的内在属性和内部功能，而不是来自什么天意或上帝的安排。

记者：在你的书中，一会儿说这种内在的力量是事物内部所固有的，一会儿又说是上帝所安排的，到底这种力量是怎么来的？

亚里士多德：你如果让我直接回答你，我也说不清。

记者：不过你说的许多东西挺有道理，我要把你的《物理学》再好好研究一番，或许理解得更深入一些。

亚里士多德：除了我的《物理学》第二卷外，我还建议你再读读《论天》、《论动物的部分》、《论动物的生成》、《形而上学》和《政治学》，在这些书中，我从不同的角度阐述了这个问题。

记者：应该谢谢你。其实，并非只有人类的演化，也并非只有有机体的演化，受制于某种目的性和动机的控制，而是所有自然的存在都是如此。归纳为一句话，那就是：万物存在皆有其目的性，也正是在这种目的性的指引下，万物得以进化。目的与动机的存在，让宇宙、自然与万物的存在妙趣横生。而经典物理学世界中的宇宙万物，纯属于最为简单的机械性的存在，面对这样的世界，也就难怪史蒂文·温伯格（1979 年诺贝尔物理学奖获得者）发出如此感慨："宇宙越显得可理解，也就显得毫无意义！"

亚里士多德：总结得很是精彩！

地球是圆的

记者：最后问一个很具体的问题。

亚里士多德：什么问题？

记者：在你所处的那个时代，人类似乎除了用肉眼去观察宇宙，实在是没有别的手段，我想知道，你是如何提出地球是圆形这个大胆的判断的呢？

亚里士多德：一半是基于信仰，一半是基于观察。

记者：信仰？什么信仰？

亚里士多德：在我的信仰中，圆形是一种最为完美的形状，因此，作为宇宙中心的地球必然也是圆形的，而不可能是其他形状。

记者：有意思。那你是如何基于观察的呢？

亚里士多德：首先，观察月食现象，月食的出现，是因为地球运行到太阳和月亮之间，而造成对太阳光的遮挡所形成的。地球投射到月球上的影子始终都是圆形的，这一观测事实的反复出现，只有当地球是球体时才会出现。因为，如果地球是一个扁平的圆盘，那么除非月食发生之际，太阳总是正射到圆盘的中心，否则地球的影子必然会拉长而成为椭圆形。

记者：其次呢？

亚里士多德：希腊人在其日常迁居过程中早就知晓，他们在南方看到的北极星在天空中的位置，要比在北部地区所看到的位置要低得多。这也可以从某个方面说明地球是个球体。根据埃及和希腊两地所见北极星位置的差异，我估计了地球的周长是40万“斯特迪亚”（Stadium）。

记者：“斯特迪亚”？

亚里士多德：“斯特迪亚”，是古希腊的长度单位，一“斯特迪亚”约等于200码，而一码等于0.9144米，这样一来，就可以算出地球的周长了。

记者：是的，据说你对地球周长的估计值相当于目前采用值的两倍，真是了不起啊。还有吗？

亚里士多德：还有，我观察到，当船舶出现在地平线上时，人们总是先看到船帆，而后才能看到船身，这也促使我得出地球是圆形的结论。

记者：伟大。

17 生死：原子聚散而已

——对话伊壁鸠鲁

引　子

一提起伊壁鸠鲁（Epicurus）这几个字，恐怕无人不想起“享乐即是目的”这句话，这句话堪称伊壁鸠鲁学派的标志性语录。

伊壁鸠鲁学派与斯多葛学派一起构成古希腊晚期哲学的两大主流门派。斯多葛学派的创始人是芝诺，伊壁鸠鲁学派的创始人就是伊壁鸠鲁。

黑格尔的《哲学史讲演录》是如此介绍伊壁鸠鲁的：

伊壁鸠鲁生于公元前342年，死于公元前271年。他是雅典地区的迦格特村人，其父亲是一位乡村教师，其母亲是一个女巫，他一度被父亲带到外地的萨摩斯，但他的主要活动地点还是雅典。

伊壁鸠鲁自称自己是一个“自学者”，不过这并不意味着他的哲学是原创的，也不意味着他没有学习过别人的哲学。他在雅典与柏拉图学派、亚里士多德学派的学者们都保持密切的学术交流。

伊壁鸠鲁是个典型的“老好人”，西塞罗说他是一个热忱的朋友，并且还说没有人能否认他是一个善良、友爱、仁厚、温和的人。第欧根尼·拉尔修对伊壁鸠鲁的温和、对长辈的尊敬、对兄弟的慷慨，以及对所有人的仁厚更是赞赏有加。

关于伊壁鸠鲁的宇宙理论，黑格尔说从自然哲学层面，伊壁鸠鲁的哲学属于留基伯和德谟克利特流派，也就是说属于原子论流派。

平民们的“花园”

记者：好多书说你特别喜欢交朋友，说你“有时愿意为朋友而死”，我虽然不会为朋友而死，但是我也特外珍惜与朋友的友情，不到万不得已，且完全是因为别人的原因，我是不会伤害朋友的。

伊壁鸠鲁：拥有友谊乃人生最大的幸福，我希望能与所有的人都成为朋友，我开办“花园学院”，对学生的态度，从来就不是居高临下的，而是交朋友式的。那种虚情假意的贵族派头，我最瞧不上，我出生于普通市民之家，最喜欢与贫民打交道。

记者：据说你把自己的学校赞美为是一个“神圣的团体”，但据我了解，你的学校，知识分子们可以去，仆人可以去，就连妓女们也可以去，甚至这些姑娘们可以住在你们学校，是吗？

伊壁鸠鲁：是的，众生平等，国王是人，大臣是人，工人是人，农民是人，读书人是人，妓女难道就不是人？人人平等，都应该平等待之。

记者：什么人都可以注册成为你的学生，你如何对他们进行教育呢？

伊壁鸠鲁：我有办法。

记者：说说。

伊壁鸠鲁：我有一封书信，名字叫《致希罗多德的信》，里面说得很清楚，是这样写的：“对于那些没有能力仔细研读我写的关于自然的所有文字，或者根本无法通读我撰写的那些长篇幅著述的人，我已经为他们准备了整个体系的概要，以便帮助他们充分地掌握最重要的原理，使得他们在需要的时候，能够依靠对于自然的学习，运用那些关键要点帮助自己。那些对整体理论已经有了相当深入认识的人，也应当背诵整个体系的要点大纲。因为我们常常需要一个总体把握，而不仅仅是细节知识。”

被误读的“享乐主义”

记者：这种平民化的教育理论固然很好，但是这种理论的创新性就可能要大打折扣了，有没有这方面问题呢？

伊壁鸠鲁：哲学研究的目的，不在于知识的创新，而在于生活的幸福，因此，我们要让普通的人接受我们的哲学，哲学就不能是高深晦涩、枯燥难懂的东西，而应该是直截了当，通俗易懂。你说得没错，针对普通人的哲学，不会是那种高山空灵一般的神曲，而是那种雅俗共赏的凡间小调。我们不追求所谓的创新，创新就意味着打破常规，就意味着超越现实，就意味着对旧有生活秩序和思想定式的突破。这样一来，各种理论之间就必然是犬牙交错、参差不齐，相互矛盾。这还叫理论吗？你看看我与我的学生、后辈们，思想是何等的一致、何等的统一啊！

记者：我曾经把你的理论与卢克莱修的《万物本性论》进行了反复比较，发现你们这一派的理论家们的思想确实是前后一致、上下一致的。普通人学习你们的理论，确实比较容易。但是……

伊壁鸠鲁：但是什么？欲言又止，缘由何在啊？有话直说吧。

记者：你们这个流派是不是有点太过随便了？

伊壁鸠鲁：什么意思？

记者：奴隶一样的人，都可以在你的学院里登堂入室，甚至连那些涂脂抹粉的妓女们也成群结队住在你们学院里，难怪不少人对你和你的徒子徒孙们评头论足！

伊壁鸠鲁：他们说我们什么呢？

记者：一个叫作提摩克拉的人，写了一本书，名字叫《论嬉戏》……

伊壁鸠鲁：他到底说我什么，急死我了！

记者：他说，你伊壁鸠鲁生活放纵，每天都要呕吐两次，你为什么会呕吐？一个叫作爱比克泰德的学者说你是“柔弱的布道者”，你为什么柔弱啊？你主张快乐主义我不反对，你主张把幸福放到人生第一位我也不反对，但也不至于把自己搞成这德行啊，那些妓女们难道不笑话你？

伊壁鸠鲁：你这几个问题的提出，何止是一种不尊重，对我简直是极大的侮辱。在回答你谩骂般的问题之前，我推荐你去看一本书。

记者：好啊。什么书？

伊壁鸠鲁：第欧根尼·拉尔修写的，书名是《名哲言行录》，此书对我的评论超过任何一位哲学家，前前后后共有154页之多。关键是，拉尔修针对那些指责我的人说："这些人完全疯了"，并高度赞扬我伊壁鸠鲁的优秀体现在方方面面。

记者：你到底写了多少书？

伊壁鸠鲁：我写的自然著作最少也是三十七卷。

记者：有那么多吗？我只看过你的四封信和一些片言只语，还有一篇关于自己学说的总结性的短篇"主要学说"。

伊壁鸠鲁：你没看见不等于不存在，夜里你看不见太阳，难道太阳就不存在？

记者：倒也是。还有呢？

伊壁鸠鲁：很多人说我们是享乐主义者，其实这是天大的误会。我们这些人不关心美酒，不关心秀色，不关心有没有鱼吃，不关心有没有华丽的服装，至于嫖娼乱伦的事情更为我们所不齿。就我本人而言，我只要有一个大面包和一些水，我就可以与宙斯比幸福；给我一杯奶酪，觉得就是在享受一顿大餐。

记者：你的意思是说伊壁鸠鲁主义者只关心精神上的快乐，而不关心感官上的愉悦。

伊壁鸠鲁：是的。我们所关心的是要培养一种幸福感，这种幸福感就是一种极乐的心理状态，这种状态是什么样子呢？就是没有欲望、没有烦恼，最要紧的是没有焦虑。如果人们一味追求那些没有的东西，就会处于焦虑之中，处于这种状态的人是不可能幸福的。没有焦虑的生活才是最美好的生活，才是神一样的生活。

德谟克利特是德谟克利特

记者：第欧根尼·拉尔修是一位公认的哲学历史学家，他在著作中说你有两大毛病。

伊壁鸠鲁：这是你自己的观点吧？你素来喜欢拐弯抹角，直说吧，大家都是学者，何必呢！

记者：不是我说的，千真万确是拉尔修说的。

伊壁鸠鲁：那继续说。

记者：拉尔修说你虽然为人比较温文和蔼，比较随和，但在学术上则是一个独裁主义者，有时候甚至很虚伪。

伊壁鸠鲁：虚伪何在？

记者：你曾经规劝你的弟子，当然也是朋友了，他叫毕托克里斯，你要他“逃避任何一种教化的形式”，而你却命令你的其他学生们，去死记硬背你的教条，绝对不允许他们有任何发挥和创新，有这事？这不是虚伪是什么？

伊壁鸠鲁：如果是这样又咋的？唯有如此才能维持学说的前后一致性。你说我还有什么毛病？

记者：不是我说的，是拉尔修说的。拉尔修说你对普通人，尤其是对那些妓女们非常和善，而对你的同行，也就是对那些哲学家们，你是非常刻薄，非常不尊重，尤其是谁对你影响越大，你越是不尊重人家，被你骂过的人有一长串，都是你的老师级别的哲学家。例如，留基伯是原子论的创立者，德谟克利特是原子论的系统总结者，但你似乎对人家并不怎么尊重。

记者：你说谁？留基伯，此人根本不存在？

记者：不存在？

伊壁鸠鲁：即便存在，他也不是一位哲学家，最多算是个无名小丑而已。

记者：那德谟克利特存在吧？他可是被公认为原子理论的真正创立者啊。

伊壁鸠鲁：伊壁鸠鲁是伊壁鸠鲁，德谟克利特是德谟克利特。我的原子论与他无关。

记者：我倒觉得你们的理论十分相似。也有人说你正是因为看了德谟克利特的著作才对哲学有了兴趣，难道不是？

伊壁鸠鲁：纯属谣传。听你这口气，似乎我的理论是从德谟克利特那里抄来的，既然如此，那你还与我谈什么呢？

记者：你也不要如此敏感。好了，我们不说德谟克利特了，请说说你的原子论如何？

伊壁鸠鲁：好的，一听说谁的理论比我的好，我就恼火。

似曾相识“原子论”

记者：谈谈你的原子论吧。

伊壁鸠鲁：我的原子论的第一个命题是：无不能生有，有只能来自有。这个“有”就是原子，原子既是作为始基的“有”，作为开端的“有”，也同时还是作为分解后必须复归的“有”。万物开始于原子，万物复归于原子。

记者：好高深啊！原子可不可以再分啊？

伊壁鸠鲁：既是开始之源，又是终结之根。自然不可能再分。原子不仅不可再分，而且还不可变化，且具有坚固充实之本性。而且，作为原子，永远是有，不可能是无，它无处可消灭也无法消灭。

记者：你书中说的“质料不灭原理”或是这个意思吧？

伊壁鸠鲁：正是。作为原子，质料是不灭的，质料在总量上也自然是恒定的。由原子构成的宇宙从总量上是恒定的，是永恒不变的。

记者：听你的话，我总是想到能量守恒原理。

伊壁鸠鲁：大概也就是这个意思。

记者：第二个命题是什么呢？

伊壁鸠鲁：第二个命题就是：宇宙总体上虽然是守恒的，但是究其总体而言则是无限的。

记者：既是守恒，既是恒定，那自然就是一个确定的存在，也就是说是有限的。有限与无限可是天壤之别啊！此间的矛盾你如何去解释呢？

伊壁鸠鲁：本无矛盾！

记者：听你自圆其说。

伊壁鸠鲁：宇宙总量系由两个部分组成，一为原子总量，一为虚空总量，原子总量是无限的，虚空的总量也是无限的，因此，作为宇宙，其总量也是无限的。如果虚空无限而原子有限的话，原子则无法停留在任何地方，原因在于没有某个支点来支撑原子，或者挡住原子四处流溢。如果虚空有限而原子无限，那么无限的原子将无处安身。所以说无论是原子还是虚空都是无限的，因而宇宙的全体自然也是无限的。

记者：斯多亚学派似乎也是这个观点？

伊壁鸠鲁：基本相同，但不是完全相同。他们的观点是：“整个”宇宙是有限的，而“全部宇宙”是无限的。

记者：什么意思？

伊壁鸠鲁：在斯多亚的理论中，所谓的“整个”宇宙是指万物充满的存在总体，这里自然不包括虚空，因而宇宙便是有限的。而“全部”宇宙不仅包括有限的“整个”宇宙，还包括无限的处于宇宙外围的虚空，因而“全部宇宙”便是无限的了。严格说来，斯多亚学派的宇宙观与我们的不完全一样。

记者：看得出来。说第三个命题吧。

伊壁鸠鲁：第三命题是：宇宙没有中心。

记者：在我的记忆中，德谟克利特好像说过宇宙是有中心的，毕达哥拉斯和柏拉图似乎也是这个观点，你认为宇宙没有中心？

伊壁鸠鲁：我的观点与亚里士多德比较接近。宇宙既然是无限的，就不可能存在中心。

记者：这一点似乎站得住脚，无须过多论证，就能自圆其说。那第四个命题是什么？

无限的宇宙与有限的世界

伊壁鸠鲁：斯多亚学派的学者们认为，宇宙就是世界，世界就是宇宙，也就是说宇宙与世界是同一的。

记者：他们如此主张的理由是什么？

伊壁鸠鲁：在斯多亚学派看来，世界是一个连续体，物体之间绵延相生，物体之间不存在任何虚空，因此，人们常说的所谓物体之间、世界之间本是不存在的。

记者：所以他们说宇宙与世界是一个东西，而在你们看来，宇宙是宇宙，世界是世界？

伊壁鸠鲁：我们的观点在当时可谓独树一帜，与斯多亚学派更是针锋相对。在我们看来，世界与宇宙是两种东西，一个世界就是从宇宙中转化出来的一团东西……

记者：什么东西啊？

伊壁鸠鲁：这团东西包括星星、土地以及所有其他可见的东西。虽然宇宙是无限的，但是这团从宇宙中切化出来的世界则是有限的。宇宙宛如一块漫无边际的布料，而世界就是从这块布料中切化出来的一角，这个角自然是有限的。有长有宽，有厚有薄，因此是有限的。这就是第四个命题，简单地说就是宇宙是无限的，而世界是有限的。

记者：那宇宙中能切化出多少个世界呢？

伊壁鸠鲁：无数个。如果世界的数目是有限的，宇宙也就不可能是无限的。

记者：世界之间存在虚空吗？

伊壁鸠鲁：当然啦。世界既可以在宇宙中产生，也可以在世界之内产生，但无论是哪种情况，世界与世界之间是存在虚空的。

没有虚空，宇宙则不可能产生

记者：第五个命题是不是与虚空有关？

伊壁鸠鲁：是的，第五个命题就是：没有虚空，就没有运动，没有运动，就没有宇宙，就没有世界。

记者：何谓虚空啊？

伊壁鸠鲁：所谓虚空，就是空无一物的空间，但这种虚空并非是一种毫无意义的存在。

记者：意义何在啊？

伊壁鸠鲁：关于虚空的价值，我在《致希罗多德的信》中是这样论证的：“如果不存在‘虚空’或‘地方’或我们称为‘无法接触者’的东西，则物体将无处存在，也无处可以运动；然而，很明显事物是在运动”。我的继承者卢克莱修就在其《万物本性论》中如此论证：“存在着一个不可触摸的空间、虚空和空无。如果没有虚空，万物就完全无法运动，因为物体的阻挡和堵塞的本性就会处处发挥作用。这样，既然谁也无法首先让出地方，那就不可能有任何东西向前移动了。但事实上我们举目所及，遍布海洋、陆地和高空，许许多多的事物都在以不同的方式四处运动着。要是没有虚空，那么这些永不停息的运动就会停下来，或者说根本就从未产生过，因为物体静静地充塞了整个世界的所有角落。”

记者：不用再寻章摘句了，我知道你的意思了，虚空的属性与原子的属性正好相反，一实一虚，正是这种“相反”为物体的运动提供了可能，如果二者的性质完全一样，运动将不复存在。说第六个命题吧。

德谟克利特的“原子”与伊壁鸠鲁的“原子”

伊壁鸠鲁：没有那么多的命题了。

记者：我也关心你心目中的原子与德谟克利特的原子有

什么区别。

伊壁鸠鲁：区别是明显的。

记者：快说啊。

伊壁鸠鲁：其一，德谟克利特说原子可能有无限大的形状，而我则不以为然。

记者：具体说说。

伊壁鸠鲁：原子是构成万物的元素，如果元素可以大到无边，那么原子就与由原子所构成的物体没有区别了。

记者：依你之意？

伊壁鸠鲁：在我看来，原子的形状虽然是千千万万，但是它们终究不能是宏观的，而归根到底是微观性质的东西，看不见，摸不着，没有色彩，没有心理活动，因而也是纯粹物质性的存在。

记者：没有心理活动？

伊壁鸠鲁：是的。微小的东西是不可能有心理活动的，如果你把原子设想可以有你我这么大，甚至更大，再说他没有心理活动，似乎难以自圆其说。

记者：阿那克萨戈拉笔下的“种子”，似乎就是你所说的那种微观状态下的“原子”，人家可是一种既有物质形态又有精神活动的东西啊。

伊壁鸠鲁：那是阿那克萨戈拉的观点，在我看来微观世界不可能有精神活动能力的，信不信，悉听君便。

记者：你理论中的原子，虽然有的是愚蠢不堪，但有的则是圆滑无比，这些原子不具有精神活动能力怎么可能呢？

伊壁鸠鲁：不管你怎么说，我就是认为这些微观原子是不具有精神能力的东西，说破天也就是这么回事。我的继承者们自然也不会改变这个观点。

记者：不争了。说说你的原子与德谟克利特原子的其他区别吧。

伊壁鸠鲁：其二，德谟克利特笔下的原子活动是很简单的，而我的原子运动形态则是丰富多彩的。

记者：丰富多彩在什么地方？

伊壁鸠鲁：就其运动方式来说，原子运动可谓是五花八门，各式各样，有的是垂直运动，有的是偏离垂直运动，有的是在组合物内部进行颤动。正是因为这各种各样的运动形式，使得万物得以出现。

记者：具体点如何？

伊壁鸠鲁：正是由于运动形式上的多样性，尤其是原子的偏斜运动，使得原子的碰撞得以成为可能，因为如果原子都是在做垂直运动，原子就不可能出现碰撞。也正是在各种各样的碰撞中，若干原子就可能相互缠绕在一起，宇宙与万物就是由于这种运动而得以产生。偏斜运动导致万物的出现，也让我们人类的意志存在自由的可能。

记者：你是说，人的意志自由得自原子的偏斜运动？

伊壁鸠鲁：正是。

灵魂的本性

记者：任何一个哲学家，似乎都必须对灵魂问题发表意见。

伊壁鸠鲁：我知道你的意思。我的观点与德谟克利特的观点差不多。

记者：还是说说吧。

伊壁鸠鲁：首先一点，灵魂与其他物体一样，都是物质性的，如果没有物质性的支撑，灵魂就不能做任何事情，自然也不能感受任何事情。我说灵魂是物质性的，原因在于灵魂是由物质性的原子所构成的。既然原子都是物质性的东西，自然灵魂的本性也就是物质性的。

记者：那我问你灵魂的意志与目的性是如何产生的呢？

伊壁鸠鲁：物质也并不都是一些呆板死寂的东西。有些原子非常精巧、细微、灵巧，当然一般都是圆形的，也正是这些特殊的原子组成了火、气，一旦这些特殊的原子参与了物质的构造，灵魂就产生了。此时的灵魂与一般的物质不一样，它们简直就是一些活物，甚至看起来像具有某种精神性的动物。灵魂弥漫于整个身体，可以说在身体有感觉的地方就存在着灵魂，胸部部位的灵魂就是那些具有指导功能和理性作用的灵魂。这些灵魂就会依靠其特有的意志和指导能力来指挥其他部分一起行动。

记者：你同意一些物质具有特殊的意志功能？

伊壁鸠鲁：只是有时候思考一下而已。

死与我们无关！

记者：听说你一辈子身体都很不好，随时都面临着死亡的威胁，你怕死吗？

伊壁鸠鲁：我不怕死。

记者：真的？

伊壁鸠鲁：我是一个有名的病号，以至于我的一个学生，名字叫墨特罗多洛斯，写了一本书，题目就是《论伊壁鸠鲁的脆弱体质》。

记者：有意思！什么病与你终生为伍？

伊壁鸠鲁：肾结石，我就是因为肾衰竭而死的。

记者：好悲催啊！让你这样的哲学家一辈子很痛苦，实在是人类的一大损失啊！

伊壁鸠鲁：我虽然感到有些痛苦，但我并不惧怕死亡。我临终之前，我还很潇洒地给学生写了两封信。

记者：信是如何写的？

伊壁鸠鲁：第一封信，我清清楚楚记得信的内容是：“写这封信的七天之前我就完全不能动弹了，我忍受着人们临到末日的那种痛苦。如果我要出了什么事，务必请你照管美特罗多罗的孩子们四五年，但用于他们的钱不可比你现在用于我的钱更多。”

记者：你的头脑如此清醒。

伊壁鸠鲁：关于第二封信，我记得内容是：“在我生命中最幸福也是最后的一天中，我正在遭受着膀胱与肠子疾病的折磨，这些疾病的情况到了最严重的程度。”

记者：你还是感到极端的痛苦吗？不怕死你感到痛苦干吗？

伊壁鸠鲁：你接着听，我的信的内容后面是：“但是，只要想到了我的理性和研究成果，想起它们所带来的灵魂满足感，就足以抵消所有的病痛。”

记者：一般人除了哭哭啼啼，还真做不到像你这样。

伊壁鸠鲁：所以我说我不怕死。至于痛苦吗，如果是短暂的，那就会很快过去的。如果痛苦是长期的，那我就可以通过联想快乐的事情予以抵消。当然，我不怕死，也是具有哲学上的依据的。因为，死亡是一种自然的原子现象，与我。与自然也与你无关，绝非你我的意志能够左右，既然你我的意志都无法左右死亡，那就不如坦然面对，那就不如高高兴兴地迎接。

记者：也倒是，你的哲学依据我倒是想听听。

伊壁鸠鲁：何谓生命，生命无非就是身体与灵魂的短暂结合而已，灵魂是原子的结合体，肉体也是原子的结合体，因此，我们的生命不过就是原子的排列组合而已。这些原子结合在一起，灵魂就与我们的肉体结合在一起，构成灵魂的原子一旦解散开来，灵魂就会灭亡，构成肉体的那些原子自然就与那些构成灵魂的原子分道扬镳，死亡不过就是这些原子的离散聚合而已。因此，生与你无关，与我无关，死也与你无关，自然也与我无关。那我们何必要自寻烦恼呢，不如好好地练习迎接死亡，就如好好地练习迎接生命一样。

18 大自然：宇宙间最伟大的神

——对话西塞罗

引　子

当过国家元首的西塞罗（Marcus Tullius Cicero，公元前106—前43年）是一个非常自信的“实践型”政治家，在他的思维中，那些把全部精力都投入到政治理论研究的“理论型”政治家的价值极其有限。同样，罗马人也因强调实践而比过分重视抽象理论的希腊人要高明得多。

但是，对实践的重视也并没有改变西塞罗对正义的尊重。西塞罗坚信，任何正义的政府便是最好的政府，而没有正义，无论什么形式的政府都必然是坏政府。而事实上，没有什么政府可以不依赖于正义而存在——如果它还值得被称为国家的话。

社会契约论的鼻祖

记者：在没有阅读你的《政治篇》和《法律篇》之前，我一直以为社会契约论是一种很近代的理论，我也一直是把卢梭看作是社会契约论的鼻祖，我相信有此看法的绝对不会是我一个人。

西塞罗：是这样。

记者：想想自己还真是孤陋寡闻啊！

西塞罗：你难得谦虚一下，很可爱。

记者：彼此彼此，与你一样。

西塞罗：我是公元前出生的人，我是在《政治篇》提出契约理论的，那本书也是在公元前写的。很惭愧，我的观点非常不系统，但是直截了当，毫不含糊。

记者：怎么说？

西塞罗：我的社会契约论核心思想是：国家是一个民族

的财产，但是一个民族并不是随随便便的一群人，不是以一种胡乱的方式组合在一起的共同体。

记者：那是什么？

西塞罗：国家首先是很多人依据一项关于正义的协议和一个为了共同利益的伙伴关系而联合在一起的集合体。

记者：正义的协议？促使这个联合体得以成立的第一动因是什么？

西塞罗：你问得很专业嘛！

记者：快说吧。

西塞罗：亚里士多德说人天生就是一种“政治动物”。

记者：马克思也说过人的本质是“社会关系的总和”。

西塞罗：他们说得都对。人，自然包括你我在内，并非是一种独特的不合群的造物，他生来便有这样一种天性，无论贵贱，无论贫富，他都无法独立于他的同胞。人的社会性是人必须组成国家的内在的第一原因。

记者：作为集合体，人实在是太过弱小了，要维持自己的生存自然就必须联合成一个政治共同体。

西塞罗：你说的或许是一个原因，但最根本的还是源于人的聚合性，或者说是社会性，而不简单是弱小性。

混合政体最好

记者：应该是吧。你在你的书中，把每种政体都半斤八两地褒扬、批判了一番，似乎实行什么样的政治体制都是无所谓的，是吗？

西塞罗：当最高权威由一个人担任时，这个政体就是君主政体。当政权由被选举出来的公民执政，这种政体就是贵族政体。而当所有权力都集中在人民手里的时候，就出现了民主政府。

记者：哪个更好些，哪个更差些呢？

西塞罗：一般来说，君主政体要比贵族政体和民主政体好些。但是，如果不混杂非正义和贪婪的毒素，任何一种政体都不坏，都是好的。我是从这个角度说任何一种体制都是无足轻重的。

记者：遗憾的是，哪一种体制都混杂着众多的毒素和贪婪。

西塞罗：是的。君主制的优势在于“感情”，贵族制的优势在于“智慧”，而民主制的优势则在于“自由”。如果我们能够设计出一种能够将这三种优势都结合起来的政体那就好了。

记者：你说的是一种混合政体，是一种融合君主与人民，多数人与少数人的智慧、自由、感情，并诉诸必要的制衡机制来防范不正义和贪婪侵蚀国家机体的理想国家。如果能有，如果能付诸现实，那确实诱人。但愿不是乌托邦！

西塞罗：应该是这样的。完美的一致与和谐出自不同音节的恰当混合，与此相同的是，一个理想国家，要通过不同的因素之间的协调而获得和谐。只有把上、中、下三种不同的等级和谐地结合起来，社会与国家才可能达至完美的境界。

为政治家辩护

记者：拜读你的著作《国家篇》，感觉到你好像是满腹冤屈似的。你也不想想，在古往今来的那么多学者中，又有几个在政治上达到你那么高的成就呢。

西塞罗：我只是一吐为快罢了。不知道是什么原因，为什么那些整天无所事事的所谓哲学家或者思想家要用那么恶毒的语言来评价我们呢？他们似乎并不了解，政治家群体看似风光无限，却是一个多么危险的职业。米太亚德是领导我们希腊人击败与征服波斯人的伟大将领，他在前线所受到的伤还未痊愈，就被他的同胞投入到铁锁链之中，这些同胞亲手剥夺了连敌人的武器都无法伤害的英雄的生命。地米斯托克利，也是一位伟大的政治家，他刚领导人民解放他的国土，就被流放到他曾经使之臣服的最蛮荒的土地。卡米卢斯、阿哈拉、奈西卡、莱奈斯、奥比米乌斯、梅特卢斯、盖尤斯·马略、苏拉等等，多少杰出的政治人物遭到如此厄运，我自己也是如此。我比上面那些人还要惨，你想想我遭受过多少次政治暗杀，直到最终我还是死在同胞的屠刀之下。

记者：确实是让人心寒。

西塞罗：但是，政治家所付出的血腥代价并不能打动那些思想家的铁石心肠，利用他们三寸不烂之舌，说我们都是一些只知道攫取权柄而尸位素餐的无能之辈，似乎人类社会延续到今天，全是那些文人墨客的功劳，而我们政治家都是阻碍历史前进的绊脚石似的。事实上，政治远远高于哲学，与那些只知道在阴暗的角落里嘀嘀咕咕的理论家相比，政治家才是推动世界历史前进的重要力量。苏格拉底也不得不承认……

记者：苏格拉底怎么说？

西塞罗：苏格拉底曾经说过，对于任何一门技艺来说，除非你运用它，否则就不足以拥有它。任何事物的使用者乃是对它最有经验的人，政治自然也不例外。哲学家说得再透彻，再玄乎，也都是隔靴搔痒而已。

记者：其实你也没有必要抱怨什么，政治虽然充满着很多的危险，但是一旦你取得成功，你所得到的也是无比的辉煌啊。你们呼风唤雨，粉丝满天下，你们颐指气使，掌握国民的生杀予夺大权，俨然就是人间上帝。此外，国家的国库也由你们随意挥霍，你有什么值得抱怨的呢？我不知道还有哪个行业的回报超过你们政治家们的呢。

西塞罗：当然有，就是那些吵吵嚷嚷的哲学家，知识是人世间最值钱的东西，那些哲学家拒绝服务于国家管理，利用国家的支持很容易就把那些知识据为己有。这是天下最大的不公平。你要知道，祖国生养和教育我们，并非不期待我们给予某种积极的回报。祖国并非仅仅是为了使我们便利，给我们提供一个舒适而安全的庇护所，为我们的成长提供一个宁静的隐居地。相反，祖国给我们提供了这些有利条件，她就可以在需要的时候期待我们把自己的勇敢和才华贡献出来。但当国家遇到紧急情况需要哲学家们为国家献计献策时，哲学家们躲到什么地方去了？不仅如此，还厚颜无耻地宣传说，搞政治出力不讨好，同胞不领情，还说君子不与小人斗，不愿意与那些危害国家的小人们面对面进行斗争，还说治国之术太庸俗不值得大学者们浪费时间去学习，还说搞政治有风险，得不偿失，随时有被灭杀的可能……

记者：这可能是你们西方哲学家的“通病”。在我们东方国家，很多哲学家连做梦都想参与到政治中去，但就是没有机会，他们不会躲起来的，是时代不让他们为国家做贡献。

西塞罗：喔，原来是这样，跟我们罗马确实不一样。

政治家与思想家，一个都不能少

记者：对一个国家来讲，无论是政治家群体，还是思想家群体，都是必不可少的。政治家是所有国家和民族进步的领头羊，而思想家则是所有国家和民族进步的智慧之源。对于任何国家和民族的进步与发展，这两个特殊的精英群体肩负着非常特殊的使命和责任。这两个群体犹如两个太阳，共同照亮这人类所居住的地球，离开任何一个，我们的世界都会走向衰败。对于这两个群体来讲，任何一个群体都应该谦卑地把自己看成是相对次要的月亮，而把另一个群体看成是值得特殊尊敬的太阳，而不是相反。政治家与思想家这两个精英群体，应该明智地跳出相互指责、相互妖魔化的泥潭，而应该像两个伟大的太阳一样，相互妥协，相互尊重，双方按照共同占有的方式占有天空，又按照彼此共同的方式来服务人类。如果其中任何一个群体为一己之虚荣，拼命往另一方脸上涂墨水，那么在外人看来，你们这两个群体就是一路货色，就是一丘之貉。

西塞罗：听你的语气，你似乎不属于这两个群体中任何一个。

记者：你愿意怎么想就怎么想吧，我只喜欢研究政治。

西塞罗：那在我的理论中，你也属于政治家的一种。

记者：笑话。

西塞罗：绝对不是，在我看来，政治家有两种，实践型政治家是一种，理论型政治家是另一种。就这两种类型的政治家进行一下比较，在我看来，实践型的政治家才是真正的政治家，而理论型的学者，例如你吧，虽然生活很快活，也没有生命危险，但对社会的价值远不如玩命的政治家。

剽窃者抑或传承人

记者：恕我直言，有一个问题，我特别不明白，几乎所有的西方政治法律学术史家都认为，您对西方的政治法律思想传统没有作过什么独到的贡献，细读您的著作以后，我也同意这个评价，您的著作基本上是对古希腊那些著名作家著作的拷贝而已，独创性东西寥若晨星。

西塞罗：你这个说法是不是太武断了？

记者：一点都不。《国家篇》被公认为你著作中最具有创造性的一本，一些研究者说此书是最为引人入胜的一部著作。但我认真把你这本书与柏拉图的《国家篇》做了比较……

西塞罗：有什么发现？

记者：我发现这两本书是惊人地相似，不会是柏拉图抄袭你的著作吧？

西塞罗：你就不要拐弯抹角了，柏拉图比我早出生几百年，他不可能抄袭我的著作。你是说我的书是剽窃柏拉图的《国家篇》。我的书在哪些方面与柏拉图的《国家篇》相似呢？

记者：既然你如此直率，那我就直说了。

西塞罗：说吧。

记者：先说"形似"方面吧，有六点相似：一是两本书所设计的对话过程中，出现的人物都是相当地多，而实际参加谈话的却限于几个人；二是两本书所设计的谈话都是发生在一个神圣节目提供的闲暇里；三是所有对话都是从一个远离国家的一些题目谈起；四是各种议题如正义与非正义、政体、理想政治家、教育和戏剧的引入顺序也基本相同；五是主要谈话者在你的书中是西比阿，也像柏拉图《国家篇》中的苏格拉底一样，都拒绝扮演其他参加对话的人的老师；六是两本书所设计的对话都描述了一个神秘性的体验，而把读者带到现实生活范围之外。此外，为了让人们觉得是对话，也不断营造对话被打断的细节。

西塞罗：看来，你是真的研究过我的著作了。我是一个政治家，我没有柏拉图那么多的闲暇时间。

记者：别插嘴。就“神似”来说，书名完全一样，核心观点也是一样的。苏格拉底认为君主政体优于贵族政体和民主政体，你似乎也是这个观点。

西塞罗：不过，你应该同意这样一个看法，古希腊文化是我们西方文化的最终渊源，但是在古希腊文化与古罗马文化之间存在一个巨大的断裂带。我认为自己是古罗马世界中第一个把希腊文化引入古代罗马的人，没有我的著作，人们很难了解柏拉图的著作，很难了解苏格拉底的思想，很难了解斯多葛学派是一种什么东西。你们中国人在翻译我的书时，其中有一个评价说我是“从古希腊时期到欧洲进入中世纪这一历史时期唯一具有代表性的政治思想人物”、“希腊文化的传承人”，我认为这种说法还是客观的。

记者：就算是吧，或许他们说的也有一定道理。你能通过自己的著作把希腊的观念移植到拉丁时代，确实也是一个了不起的创举。

西塞罗：谢谢理解。

共和让罗马伟大

记者：通过看你的著作，我感觉到你虽然在帝国时代执政，但你对雅典和罗马的共和政体情有独钟。

西塞罗：罗马的强大，主要有两大原因，第一个原因就是得感谢我们罗马城的创建者——罗幕路斯，他在国家首都的“选址”这个重大问题上做出了一个无比英明的决定。

记者：什么决定？

西塞罗：别人喜欢将首都选址在沿海之滨，而罗慕路斯则主张将首都选在一条河面宽阔、流量恒定、永不枯竭且奔腾入海的大河之岸，这样既获得了沿海国家的优势，又避免了沿海国家的麻烦，进可攻退可守。罗马的持久强大，这个英明的选择是关键。

记者：第二个原因又是什么？

西塞罗：罗马的共和政体是也。

记者：如何讲？

西塞罗：别的帝国实行寡头政治，很多重大决策往往出自一个人的头脑，大多人被视为粪土一堆。而罗马实行共和政体，罗马的政治是建立在共和制基础之上的，很多重大决策是建立在众人智慧基础之上的。这就是罗马之所以是罗马的原因。可惜……

记者：可惜什么？

西塞罗：到了今天，我们的共和国徒具共和国的外壳，而其实质没有了，早就变味了。

记者：所以罗马就不是那个罗马了。

西塞罗：哎！

记者：英国历史学家爱德华·吉本在他的《罗马帝国衰亡史》中说，实行独裁制度是导致罗马帝国走向衰败的原因，你是不是赞同他的说法？

西塞罗：我看过法国思想家孟德斯鸠写的《罗马盛衰原因论》，孟德斯鸠的观点与吉本的看法不尽相同。但我同意吉本的观点。独裁让罗马走向毁灭。

诉诸耻辱感遏制政治家犯罪

记者：有一个现象，不知道你注意没注意？

西塞罗：神叨叨的，什么现象？

记者：我们现在这个世界为惩罚政治家犯罪制定了越来越严厉的法律，但政治家犯罪还是屡禁不止。

西塞罗：在预防政治家犯罪方面，发自本能的耻辱感要远比严刑酷罚有效得多。因此要阻止政治家犯罪，就得千方百计唤醒潜藏在政治家灵魂深处的耻辱感。

记者：具体如何实施？

西塞罗：说难也难，说容易也容易。

记者：你又开始卖关子了。

西塞罗：通过公共舆论不断宣传，通过教育不断灌输和强化。

恶法非法

记者：基本上是老调重谈，不起作用的。说点别的吧。

西塞罗：也行。

记者：在《法律篇》中你曾经说过，真正的法律和正确的理性是永恒的，它们并不随着成文法规开始或者结束。

西塞罗：我说过。

记者：你还说正如神的心灵是至高无上的法律，每一个真正可以称之为法律的都是值得赞赏的。难道并非所有的成文法都可以被称之为法律，或者说在“法律”这一概念的定义中就固有某种价值判断？

西塞罗：当然是。

记者：为什么？

西塞罗：法律是国家最大的善，一个国家如果没有法律那简直就不是一个国家，或者说简直就是一个无法无天的土匪窝。但是如果这些成文法违背理性，悖逆正义，那就不配称之为法律。

记者：你的意思是说恶法非法。

西塞罗：正如一个庸医开出的不是救命的药方，而是致命的毒药一样，一个国家制定出来的并不符合正义的法律自然也就不能称为法律。法律的使命是惩恶扬善，如果某些法律走向了反面，自然就堕落为邪恶的教条了。

仅有理性是不够的

记者：看你的著作，我感觉有点小矛盾。

西塞罗：什么矛盾？

记者：一方面你对理性非常重视，你把最好的国家和最好的法律视为某个缔造者卓越的个人智慧的产物；一方面你又非常重视历史与习俗的价值。你如何解释这个？

西塞罗：我是一个思想家，决定了我不可能否定理性的价值；我是一个政治家，决定了我的思想和行动不可能受制于某种抽象的理性的制约。在我看来，理性和传统、历史是可以结合在一起的。

记者：你的意思是不是说，你集政治家和思想家于一身，在你的政治生涯中，你不仅要重视理性的作用，你还要高度重视历史与传统的价值。是这样吗？

西塞罗：自然。

记者：比如呢？

宗教法的价值

西塞罗：例如，一些政治家动辄就喜欢从抽象的原则来决定自己的行为准则，而我则高度重视宗教法的作用。而在一般人看来，宗教法与理性是完全相互矛盾的。而我则善于利用通过宗教法来实现政治目的。

记者：说说你的观点与做法。

西塞罗：在我看来，宗教法的作用更多是对一个民族具有精神上的凝聚力，而对个人则具有精神上的净化和升华作用。因此，对于政治家来说，治理国家，不能拘泥于烦琐的规则、文字和愚蠢的信条。我通过宗教法来要求人们不要给神敬献土地和贵重的财物，通过宗教法禁止人们去搞奢华的葬礼，最后都取得非常好的成效。

记者：这个观点似乎卢梭也说过。宗教法是一种什么东西？

西塞罗：你们中国人经常说的“礼”，在我看来就是宗教法的最好体现。

万民一家

记者：在你的著作中，我有一种感觉。

西塞罗：什么感觉？

记者：你似乎对人类彼此之间的争斗感到很痛苦？

西塞罗：你的感觉没错。作为一个政治家，我深切感受到人类相互竞争的残酷性与极端危害性。就我们当今全人类来看，也是如此。人类好像与那些最低层次的野兽一样，一天到晚就是忙于相互屠杀，似乎一天不进行屠杀，就无法生活下去。长此以往，人类如何生存下去，人类都不存在了，哪还有我们罗马共和国呢？

记者：那么其中的原因到底是什么呢？

西塞罗：无知与彼此之间的误解。

记者：如何解释？

西塞罗：或许很多人根本就不知道，大自然是宇宙间最伟大的神灵，正是这个唯一并且是绝对统一的神，把我们的宇宙连接在一起，并进而维持着宇宙的日常运行。大自然用同样的力量，也就是血缘关系，把我们全人类紧密地联系在一起，人类因此本是同根而生，本应该和谐相处，共享永久的和平……

记者：我们中国有一首古诗特别适合形容你说的这层意思。

西塞罗：说来听听。

记者：这首诗是中国三国时期一位诗人曹植写的，诗的全文是：

煮豆燃豆萁，
豆在釜中泣。
本是同根生，
相煎何太急？

西塞罗：能否翻译一下？

记者：当然可以。我古汉语水平一般，大概的意思是说：煮豆子正燃着豆秸，因煮熟豆子来做豆豉而使豆子渗出汁水，豆秸在锅下燃烧着，豆子正在锅里哭泣。本来我们是同一条根上生长出来的，你为什么要这样紧紧逼迫呢？

西塞罗：是这种感觉。我们所有人类都是同一个祖先，却热衷于互相屠杀，真是可悲啊！

记者：是的。

西塞罗：人类已经是堕落得太久太久，整天忙于相互争吵，根本意识不到我们都是来自同一血脉的事实，每个民族都自认为自己是地球上唯一的物种，而其他民族都是不共戴天的异类物种，其间除了冲突、矛盾和屠杀外，实在找不到别的模式来处理彼此的关系。一句话，战争是现代人类彼此之间的唯一关系模式。这个世界怎么能获得和平呢？不可能。

记者：是的，不可能。

西塞罗：我们人类要想继续生存下去，只有意识到这个同宗同种的事实，并服从于共同的政治安排。只有在共同的正义之下，人类才有和平可言。只有这样，人类才能过上高尚的神一般的生活。

记者：点赞！

19 从理念到神的历史嬗变

——对话斐洛

引　子

斐洛（Philŏ of Alexandria，约公元前 30 年—公元 45 年），古罗马帝国时期亚历山大里亚人，是古代第一位犹太哲学家，他对于哲学的重大贡献就是用柏拉图的理念论对《圣经》予以系统性的诠释，从而把古希腊的理性主义带入东方的宗教。

斐洛流传至今的著作主要有:《论世界的创造》、《上帝是永恒的》、《论牺牲献祭》等。

斐洛生于埃及亚历山大里亚，是希腊化时期犹太哲学的主要思想家。毫无疑问，笔者同意诸多学者们的一个看法，那就是：斐洛是一个伟大的“综合者”，他的学说融合了希腊的哲学与犹太教的宗教，他的思想不仅借鉴了柏拉图的理论，还糅合了斯多亚主义的理论和亚里士多德的哲学。

但是，笔者对一些学者据此将斐洛简单地称为“一个折中主义者”的说法不敢苟同。斐洛显然不是一个不分主次的“折中主义者”，他的哲学其层次性是再明显不过了：斐洛身为一个犹太人，他的哲学视野首先是希伯来式的，而“摩西五经”则是最核心的文本基础；第二个层次则是柏拉图主义哲学；第三个层次才是斯多亚主义或亚里士多德主义。一言以蔽之，无论是柏拉图主义，还是亚里士多德主义，抑或是斯多亚主义，都不过是斐洛诠释其希伯来信仰的工具，当这些思想与其犹太信仰发生冲突时，斐洛就会不假思索地选择后者。

身在他乡为异客

记者：听说你是犹太人？

斐洛：不折不扣的犹太人。

记者：你们一家是什么时候迁移到埃及的亚历山大里亚的？

斐洛：我没有进行过考证，但据估计，或许与马其顿国王亚历山大入侵我的祖国巴勒斯坦有关吧，就是亚里士多德的学生亚历山大。

记者：怎讲？

斐洛：公元前331年时，亚历山大大帝率领其雇佣军，长驱直入，占领了我的祖国，让我们这些犹太人吃尽了苦头。我们家应该是从那时迁移到亚历山大里亚来的，不过我们也是因祸得福，亚历山大里亚确实是一个不错的地方，虽然不是到处流着牛奶和蜜，但丝毫也不比巴勒斯坦差多少，关键是这里的文化气息很好，可以说是物华天宝，人杰地灵。

记者：历史书上说，在亚历山大里亚有一个大图书馆？

斐洛：没错，当时的世界第一。

记者：一个无比伟大的城市。

斐洛：这种城市是马其顿王国的亚历山大大帝于公元前333年建立的，这种城市的实际统治者是亚历山大大帝的将军——托勒密的后代，到了托勒密二世执政时，也就是大约在公元前285年到公元前247年之间，亚历山大里亚城建起了一座大图书馆，馆藏图书 70 万册。不仅如此，这座城市以其独特的魅力吸引了世界各地的诗人、科学家和哲学家来此游历、学习。

记者：具体有哪些知名人士，可否列举一下？

斐洛：当然可以，一个个都是大名鼎鼎，如雷贯耳，这些人有：诗人卡利马科斯、忒奥克里托斯和罗德岛的阿波罗尼奥斯，数学家欧几里得、佩尔加的天文学家阿波罗尼奥斯、阿里斯提勒斯、提摩克拉斯，和著名的天文学家托勒密，他的《天文学大成》可是无人不知，无人不晓啊。此外，还有一位地理学家名字叫埃拉托色尼。

记者：真是一座伟大的城市，不过，一般而言，身居他乡为异客，日子总是不好过的。

斐洛：一般情况下是如此，但对我们家不适用。

记者：什么情况？

斐洛：到了我这一代，埃及的亚历山大里亚已经处于罗马人的统治之下，在这种情况，埃及人就不好对我们这些异乡人太过分了，因为他们本身也是被征服者。而在罗马人的眼中，不管是埃及人，还是那些客居埃及的外乡人，只要不给他们添乱，只要安居乐业，他们也不会轻易去收拾你的。

记者：应该是如此。

斐洛：在这种情况下，我的先辈与家人与罗马的上流社会保持着一种非常良好的关系。

记者：挺好，比摩西时代好多了。

斐洛：天壤之别。我的哥哥，亚历山大·利赛玛库（Alexander Lysimachus）深受罗马人的信任，罗马人委托我哥哥负责征集犹太人的税收，当个税务局官员，不是一般人能有这个机会的。

记者：据说罗马帝国的皇帝对你家人都不错？

斐洛：还是我哥哥的功劳，罗马帝国皇帝克劳狄（Clardius）委托我哥哥负责照料他的妈妈安东尼娅（Antonia），罗马人与我们家的关系由此可见一斑。

记者：确实非同一般。

斐洛：我的侄儿更是厉害。

记者：厉害到什么程度呢？

斐洛：有其父必有其子，我的侄儿名字叫提庇留·亚历山大（Tiberius Alexander），他当过埃及的行政长官，公元46年，他被罗马人任命担任巴勒斯坦地区行省的财政长官，甚至一度担任罗马帝国皇帝提多（Titus）的军事顾问。这些我说得可能不尽准确，你可以去查查历史资料。

出使罗马

记者：你本人当过什么官？

斐洛：我是个哲学家，是一个标准的知识分子，没当过什么像样的官，不过，我在公元40年代曾经代表亚历山大里亚的犹太人出使罗马。

记者：你是犹太人的精神领袖。

斐洛：这么说，基本符合历史事实。

记者：据说你那次出访罗马是无果而终。

斐洛：一点不假，不过多多少少还有些象征性意义的。

记者：说说细节如何？

斐洛：情况是这样的：希腊人、罗马人对犹太人一直是抱有敌意的，但是在奥古斯都（Augustus）和提比留（Tiberius）时代，反犹势力对我们犹太人的打压还是比较克制的。但是，到公元37年，皇帝卡利古拉（Caligula）继位，情况则急转直下。这位皇帝对我们犹太人开展了第一次大规模的迫害。

记者：据说卡利古拉是一位目空一切的家伙。

斐洛：是的，这个家伙狂妄自大，他命令我们犹太人把他看成是神，命令把他的雕像放在罗马国全境所有宗教聚会场所，自然包括我们亚历山大里亚所有宗教聚会场所。

记者：这对于你们犹太人是可忍孰不可忍？

斐洛：是的，我们所有犹太人群情激奋，纷纷谴责卡利古拉的狂妄做法。尤其是在公元38年，也就是卡利古拉继位后的第二年，卡利古拉命令要将其雕像放在耶路撒冷的圣殿里，面对这种天大的侮辱，犹太人的肺都气炸了，一场声势浩大的武装起义一触即发。为了缓和局势，在国王命令到达之前，亚历山大里亚的犹太人决定委派一名德高望重的长者率领使团赶赴罗马进行斡旋。

记者：于是他们选中了你。

斐洛：是的，卡利古拉依然我行我素，蛮横地命令将其雕像安放到了耶路撒冷的圣殿里。但是我们通过出使罗马，让罗马的政治家们知道我们虽然反对他们把雕像放入圣殿，但并不意味着我们反对当时的罗马政府。我在《向盖乌请愿的权利》中对此有详细的记载，不管怎么说，卡利古里的愚蠢做法到其继承者克劳迪继位时就被废除了。

《圣经》并非哲学著作

记者：你的功劳是大大的，犹太人应该感谢你。

斐洛：为我的民族做事，义不容辞，不需要任何酬劳。但自这场危机之后，我就彻底退出政治舞台，再次搞起了我心爱的哲学。

记者：在你生活的那个世纪，自然也包括刚刚过去的两三百年，是人类历史版图发生天翻地覆变化的时期，一会儿马其顿人消灭希腊，一会儿是罗马帝国异军突起，一统天下。兵荒马乱，对搞哲学的人，可不是一件好事啊！

斐洛：倒也未必。从全世界范围内看，政治上的过分稳定，往往不利于思想的创新，而兵荒马乱，政治秩序紊乱，往往有利于百花齐放，有利于百家争鸣。

记者：明白，听说你终其一生，都努力在希腊哲学与你们的犹太哲学之间寻求某种平衡。

斐洛：你的表述有点问题。

记者：那应该如何表述？

斐洛：应该这么说：毕生我都是在努力用希腊哲学的理性主义来诠释犹太教，并在此基础上创造出一种能够被称之为哲学的犹太哲学。

记者：你的意思是不是可以说在你之前不存在犹太哲学？

斐洛：是的。平心而论，是希腊的哲学促使我们犹太哲学的诞生。可以说没有希腊哲学就没有我们犹太哲学。

记者：如何理解？

斐洛：在回答你的问题之前，我先问你一个问题。

记者：什么问题？

斐洛：你读过《圣经》吗？

记者：读过，不过，没有通读过，等时间宽裕些，我会从头到尾仔细读一遍的。

斐洛：在你看来，《圣经》是一本什么样的书？

记者：我没有通读过，不敢乱发议论。说说你的看法。

斐洛：也好。首先，《圣经》不是一本科学书。

记者：怎么讲？

斐洛：《圣经》中包含着对某些事实的陈述，例如书中关于巴比伦王尼布甲尼撒曾经包围、攻占并摧毁了耶路撒冷，这些事实就得到科学的证实，这类例子还有很多很多，但是去论证和证明这些历史事实，并不是《圣经》的宗旨。因此，《圣经》中包含着诸多经得住科学检验的事实，但是这绝不是《圣经》的宗旨。

记者：其次呢？

斐洛：其次，《圣经》不是一本文学书。

记者：怎么讲？

斐洛：《圣经》毫无疑问包含着非常高尚的文学内容，文笔简练朴实，富有深刻的洞察力和丰富的想象力，但是就本质而言，《圣经》的作者从来就没有把这部伟大著作视为文学作品，《圣经》的价值在于给人以启迪，而不追求精湛的文学性。尤其是《圣经》中许多文本是用一些地方的方言写成，有些地方完全是集市语言、办公语言，好多地方缺乏最基本的文学加工，语法也显得非常不精确。因此，不能把《圣经》看作是文学读物。

记者：哦。那最起码说，《圣经》算得上哲学著作吧？

斐洛：哲学著作？就更不是了。

记者：为什么啊？

斐洛：不知你知不知道？在我们那个时代，哲学是讲希腊语的，也就是说，唯有在希腊这个地方人们才能找到哲学。在全世界其他任何地方，最起码在我们中东一带你找不到哲学的。

记者：希望听你详细说说。在印度不是早就有吠檀多哲学吗？就是在我们中国不是早就有儒家哲学吗？

斐洛：印度和中国，我不好说太多，因为我不了解印度和你们中国，就我们犹太教而言，各种各样的犹太经典可谓是汗牛充栋。《圣经》、《塔木德》、《密德拉什》都是。但这些都不是哲学著作。

记者：那我想知道，什么样的著作才能算得上是哲学著作？

斐洛：诉诸人类理性对客体进行系统的逻辑批判的研究和阐述，这样的著作才能算得上是哲学著作。

记者：难道你们那些犹太经典不是？

斐洛：不是。

记者：愿闻其详。

斐洛：我们犹太人的古代文化就是犹太教，其基本文献是《圣经》、《塔木德》、《密德拉什》等宗教经典。

记者：《圣经》应该包括《新约》和《旧约》吧。

斐洛：不是的，我说的《圣经》就是《旧约》，在我看来，不存在所谓的什么《新约》。

记者：明白，你们犹太教与基督教是不一样的，我搞糊涂了。

斐洛：好多人都搞不清楚。我说的《圣经》是我们古代犹太先知、国王、祭司和文人学士在不同的时期所记载的东西，内容包括犹太信仰、法律条文、道德训诫、历史传说、文学故事。

记者：听你这么一说，觉得《圣经》真不像哲学著作了。

斐洛：是的，你的判断力不错。《圣经》的作者们，尤其是那些先知们，所用的手段主要是用丰富的想象力和形象思维来阐述信仰、描述事物、叙述事件、预见未来的。例如，《创世纪》中对于上帝创造世界的描写，《出埃及记》中关于摩西在西奈山接受神启的记述，都不是理性思维的产物，而是典型的想象力的产物。

记者：要让普通的百姓去信仰你们的宗教，就必须能够吸引这些人，如果都是柏拉图式的学理语言，恐怕就没有人看得懂了。

斐洛：你说的是这么回事。至于《圣经》中《列王记》中关于历史的记载、《诗篇》中的那些道德格言，爱情诗《雅诗》等就更谈不上严密的理性思维了。但是这些东西特别适合普通大众去接受。

记者：《塔木德》等又是如何呢？

斐洛：无论是《塔木德》，还是其他犹太经典，都与《圣经》一样，都是信仰和想象力的产物，而不是理性思维的产物，也谈不上什么系统的体系。因此，在我用古希腊的哲学思维对《圣经》进行解释之前，是没有什么所谓犹太哲学的。

评点希腊诸子百家

记者：很显然，没有古希腊的哲学，就没有犹太哲学，但在希腊众多哲学流派中，听说你最欣赏柏拉图的哲学，能否说说你何以作出如此选择，你是第一位犹太哲学家，你的选择对于犹太哲学的未来产生重要影响。

斐洛：在希腊众多哲学流派中，毕达哥拉斯学派是我比较喜欢的，他们所设想的社会是神圣的，他们的平等观念当属公正之母，我在对《圣经》的解释中曾经应用他们的数论。

记者：智者派如何？

斐洛：不行。

记者：为何？

斐洛：他们凭借三尺不烂之舌，用哲学来对抗哲学，在这些人的心目中，哲学与信条就是商品，可以自由买卖，谁给钱多就给谁。

记者：伊壁鸠鲁派如何？

斐洛：不行。

记者：为何？

斐洛：他们的原子论没有什么创意，他们的享乐主义信条我很反感，尤其是他们竟然主张有以人的形式存在的神，更是我所坚决反对的。

记者：怀疑主义派如何？

斐洛：不行。

记者：为何？

斐洛：怀疑主义者对自然界最美好的事物置若罔闻，漠不关心，而一天到晚忙于一些鸡毛蒜皮的小事，一天到晚纠缠于一些无谓的争论。

记者：折中主义与学院派如何？

斐洛：不行。

记者：为何？

斐洛：这些人关键是自己毫无主见，一会儿攻击这个，一会儿攻击那个，在这些人看来，所谓的哲学，除了攻击还是攻击，除了批评还是批评。

记者：亚里士多德如何？

斐洛：亚里士多德的“四因说”与他关于主动与被动的理论，我是赞同的；亚里士多德否定柏拉图的理念论，不相信世界有起源的观点，这是我所反对的。

记者：斯多亚学派的术语与措辞经常出现在你的每一个哲学命题中，足以表明你对斯多亚学派是很认同的，是不是？

斐洛：完全是一种表象，当然我对芝诺和克雷安德等人还是很尊重的，在我的著作中，一再称呼他们为"神圣的人"。不管你是否赞同，从总体上看，我对斯多亚学派是基本否定的，我之所以经常援引他们的术语名词，那只是说明我是一位与时俱进的哲学达人而已。

柏拉图主义：解释者与修改者

记者：柏拉图主义如何？

斐洛：最欣赏，最喜欢，我们之间共识最多。

记者：体现在什么地方？

斐洛：柏拉图主义的核心思想，在我对诸如理念论、创世论、灵魂、知识理论、上帝存在的证据、上帝的可知性、正义行为的基础以及理想国等问题的处理中随处可见，没有柏拉图主义提供的这些核心范畴和概念，就不可能建构我的哲学体系，犹太哲学就会晚出现不少年。

记者：很显然，你对柏拉图主义评价最高，但是，我也听说你对柏拉图主义是保持一种若即若离的态度。

斐洛：什么意思？可否说得明白一点。

记者：我是听别人说的。

斐洛：谁？

记者：罗西（Azariah dei Rossi），16世纪一位著名的犹太学者。

斐洛：罗西先生如何说我的？

记者：原话是："他是一位伟大的哲学家——熟知柏拉图、亚里士多德和其他有智之人的作品——在他之前他们就在异教徒中有了声望。然而他加入了自己的新东西，因此，他有时显然是跟着他们的脚步走，但有时他不再追随他们，因为他的方式和他们的是相反的"。请你注意，此处的"他"就是你啊。

斐洛：不能说没有道理，我是柏拉图主义的继承者，也是解释者，自然更多的也是批评者、修改者。

上帝是一种永恒的存在

记者：身为一个犹太人，你似乎相信上帝存在？

斐洛：不是似乎，是绝对相信。上帝的存在，千真万确，毋庸置疑。

记者：作为一个哲学家，凡事都应该说出道道来，你能告诉我为什么坚信上帝存在呢？也就是说，你如何去论证上帝存在呢？

斐洛：在我回答你的问题之前，我先问你一个问题。

记者：什么问题？

斐洛：假设你进入一座城市，当你看到该城市一切都运转得非常有秩序，人民的生活被安排得井井有条，令人艳羡，你会想到什么？

记者：我会想到这个城市里一定有一个优秀的管理者。

斐洛：让我们拓宽一下视野，放飞一下想象。

记者：好。

斐洛：假设你进入一座伟大的城市，而不是一个很小的城市，譬如说一个国家，整个世界，干脆说一个宇宙吧，当你看到春夏秋冬四个季节交替而往，看到日月轮回、昼夜循环，看到万千天体按照特定的规律自由自在地旋转着，当你看到山川草木皆是依照一定的规律和秩序在变化，你会想到什么？

记者：不至于你是会让我说想到宇宙间存在着一个伟大的管理者吧？

斐洛：正是。不管你怎么想，我自己会是这样想的。当我仰望星空，看到如此秩序井然的宇宙世界时，我就会想到在这个伟大秩序的背后，肯定站着一个伟大的设计者，站着一位伟大的父亲，站着一个伟大的创造者，站着一个伟大的创造者，他就是上帝。

记者：那上帝在哪里？

斐洛：他站在世界之外，也存在宇宙之中。他远在天边，也近在眼前。

记者：那还有什么证据能证明上帝存在呢？

斐洛：诸种“异象”、“奇迹”的存在，也是证明上帝存在的依据。

记者：如何讲？

斐洛：《圣经·出埃及记》中有云：“求你将你的道指示我，使我可以认识你”。通向上帝的“道”在何处？我们不是通过天，也不是通过地，也不是通过水，也不是通过空气，也不是通过其他的东西走向上帝之“道”，这些东西都是被造物，也都是上帝所创造出来的东西，既然是被创造出来的东西，自然就会灭亡的，因而就不可能是永恒的。很显然，人们就无法通过这些被创造物来认识上帝，而属于上帝本身的各种“迹象”与“奇迹”，才是永恒的东西，作为上帝的“选民”，我们这些犹太人很幸运地能够看到上帝的“真实的存在”，反过来说，恰恰是各种属于上帝的“奇迹”与“迹象”的存在，也正好说明上帝是存在的。

记者：简直是循环论证。漏洞百出，想自圆其说很难。

还有呢?

斐洛：那就是我们一旦进入沉思就能领悟到上帝的伟大，这也证明上帝是存在的。

询问上帝的本质超过了人的能力

记者：关于上帝的本质，是一个非常重要的问题，我希望你说得透彻一些。

斐洛：当然没问题，上帝的本质可以简单归纳为如下几点：单一性、无形体性、单纯性、不可命名性、不可知性、自足性。

记者：符合你说的几个特征的存在才叫上帝？或者说上帝具有你说的六大本质吗？

斐洛：是的，我已经说过。关于单一性，《圣经》说：上帝是"最高的神"，但是"最高"不等于"唯一"，在希腊语中，甚至"最高"还可以直接被理解为"多神"的。不过，《圣经》接着说："除了上帝没有别的"，"以色列啊，你要听，耶和华神是独一的主"，这样一来，我们的主，自然说的就是上帝，就是单一性，也就是唯一性，独一无二。

记者：天下第一，天下唯一。

斐洛：没错。关于无形体性，《圣经》明确禁止用“雕刻偶像，仿佛什么男像女像，或地上走兽的像，或空中飞鸟的像，或地上爬物的像，或地底下水中鱼的像”，来代表上帝，你知道这是为什么吗？

记者：为什么呢？

斐洛：很明显，在撰写《圣经》的先知们看来，上帝与那些看得见摸得着的物体不具有相似性。

记者：依照古希腊的哲学，世界万物皆由元素所构成，也是由质料和形式所构成，难道上帝连基本的质料和形式都没有。

斐洛：你还真的说对了。在我看来，上帝无质料，无形式，上帝没有身体，没有感觉器官，更没有情感，人可以嫉妒、愤怒、生气，但上帝则不能。或许正是因为上帝不具有任何的形体性，也就决定了上帝必然还具有单一性，也就是说他的性质是单纯的，而绝对不是混合型的。

记者：暂时撇开不可命名性和不可知性等不说，我问你上帝为什么说是自足的呢？

斐洛：关于上帝的自足性，其意思是说上帝是完满的，因而上帝不需要任何东西。

记者：上帝是完满的，不需要任何东西？

斐洛：是的啊，我在上面已经说过，上帝是绝对简单的，绝对非混合的，上帝没有任何欲望，他不需要什么，他自身是完全自给自足的。

记者：顺便问一下：作为一个自给自足的东西，上帝的存在显然是不依赖任何第二者的，是吗？

斐洛：当然是。

记者：那这种上帝存在于何处呢？

斐洛：上帝无处不在，上帝超验于万物，但是又内在于万物之中。

记者：你是说上帝必须还要通过其创造物而存在，如必须通过土地、水、空气、天空而存在，没有这些创造物，上帝就无法显现。

斐洛：并非如此，上帝内在于万事万物之中，但是他是绝对超验于万物的，我们不能说上帝一旦离开其创造物就无法存在，只能说上帝将其力量延伸遍及土地、水流、空气和天空。一句话，上帝无处不在，无物不有他的临在，但是上帝绝对超验于一切，如太阳，绝对高悬在万物之上。

记者：你的话说得也够费劲了，但我总觉得有些难以自圆其说。暂且保留吧。那我继续问：你说上帝具有不可命名性是什么意思？

斐洛：不可命名性、不可理解性都是上帝的一种本质，二者内容大同小异。

记者：如何理解啊？

斐洛：关于上帝的不可命名性，在我的《论更名》文章中已经反复论证过了，我说："一个智性的对象只能被心灵的眼睛理解"。我说：上帝不能被任何人理解，无论是作为感觉的对象还是作为智性的对象，"因为我们的身体中没有感官能够设想它，在感觉中也没有，因为它不是用感觉感知的，也不是用心灵感知的"。而既然上帝是不可感知的，也就是不可理解的，既然上帝是不可理解的，那我们就无法给上帝"安"上一个合适的名字。

记者：你一方面说上帝是不可理解的，一方面又一条一条地列举上帝的本质特征。这不是自己否定自己吗？说得不好听一点，不就是自己打自己的嘴巴吗？

斐洛：天下矛盾无处不在，无时不用。上帝是可以理解的，我们对上帝本质的最深刻的理解就是唯有上帝才能感知上帝，对人类而言上帝则是不可理解的，也因而是难以命名的。

世界是生成的

记者：在大多人数人看来，宇宙和世界都是永恒的，也因而是从来如此，不存在什么起源问题的。似乎你的观点与之不同。

斐洛：这不是我的观点，而是《圣经》的观点。

记者：哦。

斐洛：宇宙与你我眼中的世界，并非从来如此，而是存在一个起点。这个起点就是上帝创造宇宙万物的世界。用一句专业话语说就是“世界是生存的”，它不仅有过去现在，也有未来，它不仅有出生，也有灭亡。

理念的三种类型

记者：关于上帝，我们已经说得很多了。我们应该说说另一个同样大名鼎鼎的概念。

斐洛：我知道你的意思，这个概念就是与柏拉图的名字联系在一起的那个概念——理念。

记者：根据我的研究，理念论显然是柏拉图的发明和创造，对于柏拉图的理念论，亚里士多德、斯多亚学派和伊壁鸠鲁学派的学者们是公然反对的，在他们看来，在世界上根本就不存在着理念这种东西，而理念在柏拉图那里是作为某种真实的无形体而存在的。而柏拉图的继承者们的看法则与之不同，在他们看来，理念就是上帝的思想，而非某种真实的无形体。

斐洛：你说得没错。对于上帝、理念以及他们彼此的关系，柏拉图的看法也是此处与彼处不一样，此时与彼时不一样，甚至说经常是前后矛盾。例如，柏拉图在一些地方把善的理念视为上帝，有时候他又把上帝说成是“产生”和“创造”善的理念，有时候他又把理念说成是某种“非产生的”、“不可毁灭的”东西。

记者：那你是如何解读理念的呢？你是如何解读上帝与理念的关系的呢？

斐洛：这个问题很拗口，须慢慢说。刚才你总结得挺好，在我们那个时代，对于理念的理解是多元化的，一种形态似可以归纳为柏拉图形态的理念，这种理念具有永恒性、真实性和无形体性等特征；一种形态是理念仅仅作为上帝的思想而存在，这种形态似可归纳为斯多亚形态；一种形态则似可以归纳为亚里士多德形态，这种形态下，所谓的理念被贬低为实实在在的具体事物，离开具体的形形色色的事物，理念就根本不存在。

记者：你的观点呢？

斐洛：我的观点是：第一点，理念作为上帝的思想而存在；第二点，在上帝进行创世之前，理念作为上帝的创造物，是以一种真实的无形体的东西而存在；第三点，随着世界的创造，理念被上帝注入世界，因而在世界中无处不在。在此我需要强调的一点是……

记者：什么？

斐洛：我上面所说的三个阶段并非前后想连续的阶段，它们是理念具有的三种不同类型的存在，彼此相互对应。因此，即使在创世以后，理念的三种形态依然是存在的。

记者：别人我不关心，我只关心你的理念论与柏拉图的理念论到底有什么不同。

斐洛：其实，我的理念论与柏拉图的理念论的区别是显而易见的，但有时候也说不清，一言难尽。

记者：为什么？

斐洛：因为柏拉图对此有时候也是前后不一，含含糊糊的。不过有一点是肯定的，柏拉图认为，上帝与理念之间孰优孰劣似乎没有什么结论，而在我的理论中，上帝是优于理念的，上帝是创造者，而理念则是被创造物。

逻各斯：神与世界的中介

记者：研究你的著作，会到处碰到一个名词，这个名词就是“逻各斯”，神叨叨的，“逻各斯”到底是一种什么东西呢？

斐洛：听说你盖过房子？

记者：盖过，这与“逻各斯”何关？

斐洛：在盖楼之前，你要具体做什么事情？

记者：最核心的工作是设计。

斐洛：设计是不是先设计与楼房有关的元素，然后把这些元素结合在一起，从而构成一套套房子，构成一个个完整的生活居住区。

记者：是的。

斐洛：上帝干的事情也是这些，我们已经说过，上帝创造世界借助的是一个个现实世界的模型，这个模型就是一个个具体的理念，当这些理念构成一个系统的整体的时候，就成为一个“智性世界”，“智性世界”是理念的结合体，是外部可见世界的真正的摹本。结合到盖楼，“智性世界”就相当于完整的设计图纸，在这里，以后外部可见世界的所有特征在这里一应俱全。

记者：是那么回事？

斐洛：那我问你：你是用什么来构筑你的图纸的呢？

记者：设计师的心灵以及辛苦的研究。

斐洛：没错，上帝也是用心灵来研究“智性世界”的，具体说来，在"智性世界"出现之前，它是存在于上帝的心灵之中，上帝的心灵就是"逻各斯"，因此，在我的书中，我多次说，"逻各斯"是"智性世界"的住所，自然也就是理念世界的住所。

记者：基本明白，"逻各斯"就是心灵，就是一种无限的力量，上帝正是用这种力量创造了"智性世界"，而由山山水水组成的现实世界不过是"智性世界"的具体化而已，是吗？

斐洛：是的，因此，"逻各斯"就是神和上帝借以创造世界的那个伟大的"中介"。

三者之间的关系

记者：与你的这番对话，让我觉得很累很累，我估计读者们看这个对话，也会觉得很累很累，最后，我希望你用最简短的语言对上帝、"逻各斯"、理念之间的关系作个归纳如何？说实话，到此时此刻，我对你的好多理论还是一知半解的。

斐洛：你难得谦虚，好吧，我来归纳一下。

记者：应该谢谢你。

斐洛：OK! 由上帝、“逻各斯”、理念所组成的结构，是一个金字塔式结构，高居于金字塔顶端的是上帝，如果我们用一个词来代表“普遍性”的话，上帝就是那个最具有普遍性的“属”。居于上帝之下的是“逻各斯”，“逻各斯”在整个世界之上，是涵盖天下万物的最古老、最大的“属”。

记者：那“理念”在哪？

斐洛：理念离可见的世界最为接近，是可见世界的摹本，但究其普遍性而言，则要比“逻各斯”又低了一等。因此，如果说上帝是“最大的属”，“逻各斯”是被造物的“最大的属”的话，那么理念则是最一般性的“属”了。这就是他们的关系。

记者：依然有点迷糊。

斐洛：不要紧的，慢慢研究就明白了。说实话，我也不知道自己的归纳是否正确。

从尘世中解脱出来是一种幸福

记者：你主张人要做一个有德行的人，要做一个完美的人，具体要如何做呢？

斐洛：首先人在口头上必须承诺遵守上帝所制定的律法

与各种训诫，同时还要付诸行动。

记者：付诸行动？

斐洛：是的，仅仅停留在嘴上说要遵守各种律法和训诫是远远不够的，在俗世的生活中，要时时遵守这些律法和训诫，不去做违背律法和训诫的事情，这就是行动，这就是实践。从某种意义上说，实践生活在沉思生活之前，也就是说行动在某种程度上应该高于沉思。

记者：是的，沉思的生活是务虚的，行动永远是第一位的。

斐洛：你说得太过绝对，我只是说“从某种意义上说”，行动才高于沉思。

记者：依照你的意思，沉思生活有时候也会高于实践与行动的？我们中国人喜欢用“知”和“行”来分别表示沉思与实践两种活动，依照你的意思就是说你更加倾向于认为“知”比“行”更加重要？

斐洛：是的。我在《创世纪问答》中曾经说过，人有三种生活方式：一种是沉思的，一种是行动的，一种是愉快的。在我看来，第一种生活也就是沉思的生活是伟大的，是优秀的；第三种生活也就是愉快的生活是不重要的；而第二种也就是行动的生活则是不好不坏的。有时候我们会说行动的生活是坏的，那是因为这种生活距离愉快的生活很近，有时候我们说行动的生活是好的，或者说是伟大的，那是因为这种行动的生活距离沉思的生活是很近的。

记者：说来说去，你似乎特别看重沉思的那种生活？在你这个知识分子的意识中，似乎唯有智者的生活才是最高尚的生活？但是我不明白，既然沉思的生活至高无上，那你为什么还要经常参与那些烦琐的政治生活呢？你应该知道那可是实实在在的行动性的生活啊。

斐洛：埃及的官僚们要迫害犹太人，罗马帝国的统治者们要迫害犹太人，我不可能置之不理，不能充耳不闻，生存对于我们犹太人太过重要，我必须行动。但一旦行动完毕，我就会立即投入沉思中来，我不会过分留恋所谓的政治。一味地沉湎于政治，只会让你离上帝越来越远。

记者：我相信，你的行动早已表明这一点。

斐洛：对世界的沉思、对哲学的沉思，是一件无比高尚的事情。当我远离政治，远离一切繁杂的人间事务，而全身心地投入到对宇宙、对哲学、对世界的沉思中时，我就感觉到我的灵魂被一种神圣的力量带到高处。站在山顶，我觉得阿尔卑斯山在我的脚下，在那里，有太阳，有月亮，有许多其他的天体。站在山顶，我用心灵的眼睛往下看，我看到了许多尘世的景象，我觉得浸入我心扉的空气是那么清新……啊，摆脱人间的烦恼，让自己从那些俗不可耐的俗世中解脱出来，是一件多么幸福的事情啊！

记者：我想设身处地于你所在的地方，我也会有你如此这般的感觉。

斐洛：沉思是我最景仰的一种生活。在这里，我沐浴在上帝的阳光里，我沐浴在真理的阳光里，我觉得我的整个身心，恰如碧空如洗蓝天里的一抹云彩，飘啊飘啊，一直飘到那神圣的极处……我相信，天使们的生活也不过如此。

一半是犹太教徒，一半是基督徒

记者：哦，我终于明白了。

斐洛：你明白了什么？

记者：别人说你的哲学，时时处处无不洋溢着神秘主义的色彩，看到你说话时如痴如醉的表情，我终于相信了。此外，我还有个问题需要与你交流一下。

斐洛：说说。

记者：一些历史资料说，虽然你是一个大名鼎鼎的犹太哲学家，但当时的犹太学者并不把你当作他们的“同志”，相反，在他们的传统里，似乎找不到你的影子，也就是说犹太学者在著书立说时，从来就不引用你的观点，这是什么原因啊？

斐洛：你说得没错，我虽然一直自以为自己是个标准的犹太学者，但是犹太学者并不同意这一点，他们更多地把我看作是一个基督教徒。而那些基督教的学者们，不仅认真保存我的著作，还不厌其烦地给我画像，我穿的袍服上都被绘上十字架。

记者：请你客观评价一下，你与那些标准的犹太教哲学家有没有不同？

斐洛：毫无疑问有很多不同，但是我从来就没有议论过基督，我怎么能是一个基督教徒呢？

记者：不管怎么说，在很多人的心目中，你一半是一个犹太教徒，一半是一个基督教徒。

斐洛：……

20 回到柏拉图

——对话普罗提诺

引　子

普罗提诺（Plotinus，生于公元 204 年—270 年）生于埃及的吕科波利斯，受业于亚历山大城的阿摩尼乌斯学习哲学达 11 年之久。普罗提诺曾经参加过高尔狄安皇帝出征波斯的远征，其目的是为了了解波斯人和印度人的智慧，此次远征失败后，他前往罗马，并于 243 年在罗马建立了自己的学校，传授自己的哲学，一直到死。据说，普罗提诺是一位典型的禁欲主义者，他极少睡眠，饮食也是控制在最低限度，终身未婚。

普罗提诺50岁时才开始著书立说，去世以后，其学生提尔城的波菲利将其著作编辑成为六卷本《九章集》予以出版，每一卷都由9篇文章组成。

18世纪，德国一位学者创造了一个名词："新柏拉图主义"，他意图以这种简单明了的方式，划出古代西方哲学史的一个相对特殊的领域。这一术语意指从公元3世纪到6世纪古罗马帝国的一批哲学家。

被归入"新柏拉图主义"的哲学家，虽然彼此之间存在不少分歧，但有一点是共同的，那就是这一类哲学家都认为自己是"原教旨"意义上的柏拉图主义者，他们崇拜柏拉图，把柏拉图视为人间智慧的最主要的阐述者，这些人都自认为是柏拉图最忠实的学生和柏拉图哲学最严格的解释者。

普罗提诺就是第一个"新柏拉图主义"者，也被公认为是"新柏拉图主义"理论的奠基者。但说起普罗提诺，一般人不知道，很多研究哲学的人也不知道。在撰写《宇宙是活的》那本书之前，笔者也是不知道还有此人。经过一番认真的研究发现，普罗提诺原来是晚期希腊最重要的哲学家，也是现代西方古典哲学研究最为重要的研究对象。

普罗提诺学说的特点是什么？公说公有理，婆说婆有理。但有一点是大家公认的，那就是“大综合”。一般来讲很难说普罗提诺提出什么、反对什么，或者说他继承了什么，重要的是他到底综合了什么。普罗提诺将斯多葛学派、亚里士多德学派和柏拉图学派的学说予以系统综合，正是借助这种综合，普罗提诺进而形成自己的学说体系，使这种体系超越了被其综合的所有哲学流派。但究其核心点则是他将“太一”、“精神”、“灵魂”融为一体的“三位一体”学说。一提到“三位一体”这个词，人们很自然就会想到犹太教，就会想到《圣经》，自然也会想到基督教，通过普罗提诺这座“桥”，柏拉图哲学与一种宗教哲学已经是近在咫尺了，欧洲已经开始迈入一个全新的时代。

“柏拉图城”

记者：你是罗马帝国的公民，但听说你计划要建一个“柏拉图城”，我很好奇，这是一个什么样的“城”啊？

普罗提诺：在回答你这个问题之前，先告诉你我为什么要建立这个“城”，一旦你明白了其中的原委，这是一个什么样的“城”，你自然就明白了。

记者：也好。

普罗提诺：我是公元 204 年出生的，老家是中埃及尼罗河畔的吕科波利斯城，据说这个城后来改名换姓叫阿西尤特城。公元 232 年，我 28 岁，来到当时的人文荟萃之地——亚历山大里亚城，在这里，我跟随哲学家阿摩尼乌斯·萨卡斯（Ammonius Saccas）学习哲学，前后历时达 11 年之久。

记者：据说你后来到了罗马，你到罗马干什么？

普罗提诺：亚历山大里亚是一个搞哲学的好地方，图书丰富，名师云集，但是这里毕竟仅仅是一个搞学问的地方，如果要实践自己的政治抱负，还必须到首都罗马去。我学习希腊哲学十几年，对希腊各派哲学可以说是了如指掌。但仅仅满腹经纶是远远不够的，我要找个地方去实践这些东西。

记者：所以你就在 40 岁，也就是公元 244 年到了罗马。

普罗提诺：正是。

记者：听说当时的罗马政治上很乱，军事上也是兵事不断，乱象丛生。

普罗提诺：一点不假，从我记事到我离开这个世界那年，罗马帝国的皇帝竟然像走马灯似的换了 30 多个！初步换算一下，几乎是平均每两年就换一个国家领导人，这样的社会，不可能有任何稳定可言的。可以说，罗马无论是在政治上、军事上，还是在道德、宗教上，都是一片混乱，毫无秩序可言。人们一旦看不到希望，就必然会沉沦于感官享受，吃喝嫖赌，腐化堕落。

记者：作为一个理想主义者，面对如此这般的罗马，你能有何行动呢？

普罗提诺：我政治上一介平民，人微言轻，不可能对国家的政治产生什么影响，我能做的就如当年柏拉图所做的那样，就是启蒙、呐喊、教化。

记者：你要启蒙谁？你要教化谁？喊什么？

普罗提诺：启蒙众生，教化众生。

记者：说具体点。

普罗提诺：我在罗马开办了学校，我亲自给他们讲授柏拉图的哲学。

记者：有人听吗？

普罗提诺：当然有，就连当时的罗马皇帝和他的老婆都成为我的学生了。

记者：很有成就感吧？

普罗提诺：是的，正是在此基础上，我计划在坎帕尼亚（Campania）建立一个“柏拉图城”，在这个城里，哲学家就是王，王就是哲学家，一个典型的柏拉图式的“哲学王”的天下。

记者：皇帝知道你的伟大计划？

普罗提诺：知道，他也支持我这样做，但大臣们不支持。

记者：所以你的美好蓝图终究未能实现。

普罗提诺：是的，每想到这个，我就感到万分的遗憾啊！

《九章集》

记者：后来呢？

普罗提诺：既然“柏拉图城”计划在政治上不可行，我就决定退回到书斋里，专心著述，不过与你不同，你在五十岁之前就写了不少书，而我则是从五十岁以后才正式开始写作，你动辄拉开架势，一本书一本书地写，排山倒海似的，而我则是一篇一篇地写，拉拉杂杂写了 54 篇文章，后人能不能看到这些文章，我还真没把握呢。

记者：这得多亏了你的一个学生，波菲利，是他让你的著述得以流传下来。

普罗提诺：请你具体说说我的学生是如何做的。

记者：你去世以后，波菲利按照人们编撰亚里士多德著作的方法，也就是研究同类问题的文章放到一起，把容易的文章放到最前面，最后把你的54篇文章编成一本书予以出版。

普罗提诺：出版？

记者：是的，书名是《九章集》，你的54篇文章被波菲利编成6集，每集由9篇文章组成，六九五十四，一篇也不少嘛。

普罗提诺：真是难为他了。我想起来了波菲利曾经将他编辑的一本书稿给我看，但我没办法看，我也就没看。

记者：为什么不看看？好多人说那本书编得有点乱。

普罗提诺：我已经是一个半盲人了，你叫我如何看啊！

新柏拉图主义

记者：明白。后世的一位哲学家，具体说就是18世纪的一位德国哲学家，创造了一个名词"新柏拉图主义"，他用这个词来代表以你为核心的一批哲学家。

普罗提诺：具体包括哪些人呢？

记者：具体还包括：普罗克鲁斯（Proclus），生于公元412年，卒于公元485年；达马修斯（Damascius），生于公元462年，卒于公元538年；辛普利丘（Simplicius），生于公元490年，卒于公元560年，此人是达马修斯的学生。此外，还包括更晚的一些基督教哲学家等，如波埃修(Boethius)，生于公元480年，卒于约公元524/526年。

普罗提诺：这些人都是在我以后出生的人，我不好对他们进行任何的评论。但既然你提到“新柏拉图主义”这个词，我就得跟你说道说道。说到“新柏拉图主义”，那就不得不说“旧柏拉图主义”，何谓“旧”呢？

记者：何谓“旧”呢？

普罗提诺：自然就是以柏拉图著作为载体的原汁原味的柏拉图主义，其阐述者就是柏拉图本人。

记者：依你之见，如果说“新柏拉图主义”的话，哪些人可以归并到这个概念之下呢？

普罗提诺：我以为，柏拉图之后所有高度重视并认真研究柏拉图著作以及那些尊奉柏拉图主义为正宗，视柏拉图的著作为人类智慧之源的哲学家，似乎都可以归并到这个名词之下。除了你说的一些人外，我认为还应该包括这样一些哲学家。

记者：说说。

普罗提诺：亚里士多德不算，因为亚里士多德似乎并不怎么看重柏拉图的什么主义。斐洛（Philon）算一个，此君生于公元前20年，卒于公元50年，他出版的著作有《论世界的创造》、《上帝是永恒的》、《论牺牲献祭》等。

记者：此君我知道，恩格斯曾经说过他是"基督教教义之父"，还有谁？

普罗提诺：还有生活在公元1世纪泰纳的阿波罗尼（Apollonios），此君是新毕达哥拉斯学派的代表性人物；还有属于折中的柏拉图主义者，其代表者有三位：一位是欧陀罗斯（Eudoros），希腊中部凯罗尼亚的普鲁塔克（Ploutarkos）人，还有小亚细亚阿巴米亚城的纽曼内斯（Numenios）等人；还有扬布利柯（Jamblikhos），此君生于公元250年，卒于公元325年，他活动于叙利亚，是叙利亚学派的代表性人物；还有普洛克洛（Prokles），他生于公元411年，卒于公元485年，此君虽然生于君士坦丁堡，但后来在普鲁塔克的指导下研究雅典哲学，因此他应该被看作是雅典派的代表性人物，他对柏拉图《蒂迈欧篇》的注释最为有名。

记者：不过根据我的研究，这些人虽然高度重视对柏拉图哲学的研究和学习，但是他们似乎并没有把柏拉图的哲学放到举足轻重的高度，因此，与你以后的那些"新柏拉图主义"者似乎还不一样的。

普罗提诺：你说得没错，好在"新柏拉图主义"也不是一个十分严谨的概念，我们就不要太过计较了。言归正传，好不好？

“太一”：一种终结的存在

记者：英国哲学家罗素在他的《西方哲学史》中说，“普罗提诺的形而上学发端于一种神圣的‘三位一体’”，罗素的这种说法对不对？

普罗提诺：对。

记者：那“三位一体”具体指的是哪“三位”呢？

普罗提诺：太一、精神、灵魂。

记者：“太一”？我只听说过“以太”，是一回事吗？

普罗提诺：风马牛不相及。你说的“以太”，就是亚里士多德在《论天》中所说的“第五元素”。

记者：亚里士多德还说了什么？

普罗提诺：亚里士多德说，日、月、星、辰虽然是围绕着地球运转，但其构成却不同于地球上的四大元素，即水、火、气、土。

记者：区别在哪里？

普罗提诺：天上要比地下神圣得多，因而其构成要素自然也要纯洁得多，构成天上的元素应该是完美无缺的，它就是所谓的“以太”。而我说的“太一”则完全是另外一回事。

记者：别说“以太”了，快说你的“太一”，快说你的“三位一体”吧！

普罗提诺：你读过柏拉图的《巴门尼德篇》吗？

记者：读过，你什么意思？

普罗提诺：柏拉图在《巴门尼德篇》中曾经提到“一”这个概念，你知道是什么意思吗？

记者：要么是第一，要么是一种存在吧？

普罗提诺：太一般性理解了！

记者：你如何理解？

普罗提诺：对《巴门尼德篇》中“一”的理解，可以分为这样几个循序渐进的层次来进行：第一，“一”不是位于第一的意义。第二，“一”是一种存在，一种最真实的存在，而不是一种不存在。第三，这种存在是一种终结意义上的存在，而不是一般意义上的存在。这种存在是指某一整体全然单纯且不可分的，也是完全独特的。第四，无论是从能力还是从尊严上，都超过一般的存在者。这个“一”就是我说的“太一”。

记者：你的解释应该说是比较清晰了，但你又说，没有宾词可适用于“太一”，此话又如何理解？

普罗提诺：我相信你是懂一点逻辑学的，一般来说，一个命题包含三个部分，主词、谓词和宾词，所谓宾词是用来表示思考对象的属性或联系的那个概念。如在“金属是导体”这个命题中，“导体”就是宾词。我说没有任何宾词可以适用于“太一”，就是说我们不能说“太一”是这个，也不能说“太一”是那个。因为：假如任何宾词是指“太一”真相的话，人们势必就得在“太一”内部作出区别，而一旦人们这样，就势必割裂了“太一”的内部统一性，主词和宾词就不完全统一了，而这样一来，“太一”的内在纯洁性和统一性就荡然无存，最起码是受到严重的破坏。

记者：太拗口了，你再通俗地说说吧。

普罗提诺：我的学生是这样说的：“存在者具有一种存在物的形状，而‘太一’却没有形状，甚至也没有易于理解的形状。因为，‘太一’的本性是化育万物，但‘太一’并非万物中的一个。‘太一’不是任何一种，既无大小，也无质量；既非理智，也非灵魂；既不运动，也非静止；既不在某地，也不在某时。用柏拉图的话说，‘太一’‘自身独立而统一’。‘太一’无形，先于形在，就像先于运动和静止一样。因所有这些都是存在者的属性，故而使其成为多重的”。

记者：你学生的解释还比较形象，比较通俗，我还真比以前明白了许多。不过我又得问你一个问题了。

普罗提诺：问吧。

记者：你说“太一”是超越存在者的，自然它也就是超越认识的，因此人们就无法把握它，那我们如何去认识“太一”呢？

普罗提诺：“太一”是不可认识的，我们除了在“太一”外围谈论它外，别无办法来认识“太一”。“太一”太过伟大，我们人类太过微小，非常不完美，极端不对称，对于我们人类来说，“太一”永远是一个高深莫测的存在。

“理智”或精神的宇宙

记者：现在说说“理智”或者精神如何啊？

普罗提诺：“三位一体”的第二个要素就是“理智”，也有人称之为精神。

记者：如果说“太一”是先天存在的，那么“理智”是如何来的呢？我在你的著作残篇中看到这样一句话，你说“理智”是一个“敢于背离‘太一’者”，你是什么意思？

普罗提诺：这可能是一个很夸张的说法，实际上，恰如甜味是从香水中散发出来，光是从太阳中流溢出来一样，“理智”也是从“太一”中流溢出来的。

记者：流溢出来，什么意思？水从桶里流出来就是流溢吧?

普罗提诺:是的。但是“理智”从“太一”中流溢出来,与水从桶里流出来不一样。

记者:区别在哪?

普罗提诺:水桶里的水是有限的,当有水从桶里流出来时,桶里的水就少了。而“太一”是无限的,正如同太阳光是无限的一样,虽然“理智”从其中流溢出来,但“太一”依然是原来的“太一”,依旧无限,“太一”不会因为献出多少东西而有丝毫的减少,“太一”不会因为妒忌别人的成长而拒绝繁衍和奉献。“太一”的伟大正在于此!

记者:水从桶里流出来以后依然是水,桶外的水与桶里面的水没有什么区别,是吧?

普罗提诺:是的。

记者:我的意思是,既然“理智”是从“太一”中流溢出来,那么“理智”就应该与“太一”之间没有多大的区别吧?

普罗提诺:并非如此,它们之间的区别是本质性的。

记者:区别在哪?

普罗提诺:一点是,“太一”是不能用宾词来予以解释和说明的,一旦你以任何形式对“太一”进行说明,你就是割裂了“太一”的内在一致性,你就是破坏了“太一”的完整性和单纯性。而对于“理智”,人们则可以用宾词来予以解释和说明。原因在于“理智”的现实和“理智”对象的现实完全一致，“理念”的生命恰恰就是理智的活动，还有“太一”中只有纯净的一般，而没有丰富多彩的个别，“太一”高深莫测，大而无形，本质上是不可知的；“理智”则不然，“理智”既具有一般，也具有个别，因而是可以予以理解的，也是可以把握的。

记者：你的解释很到位，还有呢？

普罗提诺：别急，搞哲学就得四平八稳，有板有眼，心急吃不了热豆腐。

记者：嗯。

普罗提诺：一点是，当然这一点与第一点密切相关，第一点我是强调“太一”宇宙的不可知和“理智”世界的可知性，第二点我是强调“理智”世界的多重性和复杂性。

记者：复杂到什么程度？丰富多彩到什么程度？

普罗提诺：在“理智”的世界里，既无限量，也无贫困，而一切都充满着生机，欣欣向荣。一切都从单个源泉中流出，不是某种特殊的气息或温暖，而是包含着所有纯净质量的单一质量，譬如味觉和嗅觉的甜美，色彩缤纷的视像和所有触手可及的感觉，令人入迷的旋律和节奏……

记者：一句话，“太一”是高度抽象，难于言表的，而“理智”则是丰富多彩，触手可及的。前者仅仅是一般，而后者既可以为一般，也可以为特殊。前者是灰色的崇高，而后者则是多彩的伟大。不过……

普罗提诺：不过什么？

记者：你说世界是一个“理智”的世界，欲望呢？

普罗提诺：你不问我也想说这个问题，诚然，我们的世界是一个理智的世界，但是欲望同样是这个世界的本质要素之一。

记者：如何讲？

普罗提诺：“理智”离不开理念，理念离不开思维，思维的本身就是欲望二字，观看是一种看的欲望，知识也是一种欲望，你获得了知识就是说这种希望探究世界的欲望得到了满足，从某种程度上，欲望构成了“理智”的中心，在“理智”的世界里，欲望总是竭尽全力要把它付诸实施，直至最终实现。

“灵魂”：站在那一世界的边缘

记者：你的“三位一体”理论说“灵魂”是第三元素，我记得你曾经说过，“灵魂”是一种欲望，一种企图独立的傲慢欲望，你一会儿说世界作为“理智”的世界，它包含着欲望这个本质要素，依照我的感觉，似乎你把欲望也视为世界的本质，那你能告诉我作为“灵魂”的欲望，与作为世界本质的欲望有什么区别吗？

普罗提诺：经你这么一提醒，我还得真得好好梳理一下，你说的或许是对的，作为世界本质要素的欲望，与作为企图追求独立欲望的“灵魂”，应该就是一回事。

记者：是吗？

普罗提诺：是的，“灵魂”毫无疑问是从“理智”发展而来的，而最原始的形态就是欲望，这种欲望企图实现对“理智”的背叛，企图采用新陈代谢的方式去实现对“理智”的超越和反叛，这就是“灵魂”的原罪。

记者：你还真是从善如流，我一说就修改完善了你的理论。那么“灵魂”与“理智”的区别在哪呢？

普罗提诺：先说它们之间的共同点吧。

记者：好。

普罗提诺：“灵魂”与“理智”一样，都是一种“理念”，本身也是一种“数”，毕达哥达斯笔下的“数”，你知道吗？

记者：知道，你说吧。

普罗提诺：“灵魂”与“理智”一样，其生命都是永恒的，都是超越时间的，这一点，与“理智”一模一样。但是，“灵魂”与“理智”存在着很大的不同点。

记者：我要你说的，就是这个不同点。

普罗提诺：作为企图实现独立梦想的欲望，“灵魂”每时每刻都在希望过一种完全不同于“理智”生活的生活，“理智”生活平静而永恒，而“灵魂”所追求的生活远不是这个，“灵魂”希望从一种永恒而平静的生活进入另一种生活，在“灵魂”的理想生活中，宇宙间的万事万物不是依次同时在场，而是一物接着一物地出来，并且存在着一种连续不断的思想和行动系列，“灵魂”所冀盼的就是创造出一种新型的生活形态，这个新形态就是自然。

记者：有点晦涩难懂。

普罗提诺：我觉得已经够通俗了，在我的理论中，把“灵魂”称为第一“灵魂”，把自然称为第二“灵魂”，很显然，第二“灵魂”是由第一“灵魂”创造出来，也就是说，自然是由“灵魂”创造出来的。“灵魂”虽然是自然的创造者，但它还不是自然，它是站在另一个世界边缘，也就是自然世界边缘的“理智”，如今，“灵魂”已经走到超感觉世界的最低点了，堕落是其必然的结局。具体说来，当神的力量进一步下降时，物质就作为它的最不完善的表现形式而被创造出来了。

“物质”:“灵魂”堕落的产物

记者:很显然，在你的理论体系中，物质世界，也就是可感世界，离“太一”的距离最为遥远。

普罗提诺:如果我们把“太一”比喻为光的话，物质就是光中最为暗淡的部分，很显然，那就是黑暗。正如同精神是物质的反面一样，物质自然也是“太一”的反面。

记者:所以物质是“太一”一步步蜕变的结果，具体来说是“灵魂”堕落的产物。

普罗提诺:正是如此。

“为身处这具皮囊而感到羞耻”

记者:你的学生波菲利为你树碑立传，开宗明义第一句话就是:“普罗提诺，属于我们这个时代的哲学家，似乎为身处这具皮囊而感到羞耻”，你真的是这种感觉?

普罗提诺:这种说法似乎有点夸张，不过这种感觉我确实经常有。

记者：为什么呢？

普罗提诺：我在上面已经说过，人作为一种高级的物质形态，它分享着“太一”与“理智”的神圣，但是作为一个个体性的人，人的神性被死死包裹在皮囊之中，恰如一个囚犯被死死囚禁在监牢中是一样的，谁都会感到蒙羞的。

记者：那如何超越这种囚徒式的困境呢？

普罗提诺：回归“太一”、回归“理智”自然是唯一的选择。

记者：具体路径呢？

普罗提诺：我临终断气之前，一条蛇钻到我的床下，不知不觉中突然不见了，然后消失在隔壁的墙洞里。如蛇一样蜕掉身上的皮，就可以回归“太一”与原先的“理智”，这就是人类的净化之途。

“事物交感”

记者：还有几个小问题需要向你请教一下，你曾经说过各个事物时间存在某种程度的“交感”，这是什么意思？

普罗提诺：所谓“交感”就是指某种精神上的相互感应。

记者：你这个说法让人感觉有点神秘兮兮的，具体是什么意思呢？

普罗提诺：斯多葛学派认为，所谓的“交感”不过就是各个自然现象之间的因果关系，例如天上下雨，地上就会变湿，在这种因果关系中，天与地之间就存在着某种程度上的“交感”。

记者：难道不对吗？

普罗提诺：不对。

记者：哪到底什么是“交感”呢？

普罗提诺：首先，这种“交感”是精神性的，而不是纯自然性的；其次，这种“交感”是跨越时间与空间的，简言之，也就是“超距”的。

记者：这种神奇的“超距”作用是如何发生的呢？

普罗提诺：我们所生活于其中的这个世界，普遍存在着某种活力与生机，构成这个世界的各个部分的感受会被其整体所感受，借助于整体这个媒介，宇宙世界的各个部分之间也就自然能相互“交感”了。万物“交感”便由此而产生。

记者：神乎其神，但是我觉得你说的似乎能自圆其说。

整个宇宙都是有精神的

记者：依照你的理论，我们能不能得出这样的一个结论，或者说一个观点吧？

普罗提诺：什么观点？

记者：整个宇宙都是有精神的。

普罗提诺：我在给学生讲课时，就多次说过，宇宙是一个精神性的物体，精神彼此之间能够发挥作用，而且是超越时间与空间的。宇宙间的各种物体之间可以通过精神发生作用，宇宙的和谐依赖于各个组成部分之间精神性的和谐。

记者：明白了。

参考文献

1.G.S. 基尔克等:《前苏格拉底哲学家——原文精选的批评史》，聂敏里译，华东师范大学出版社 2014 年版。

2. 黄颂杰、章雪富:《古希腊哲学》，人民出版社 2009 年版。

3. 苗力田、李毓章主编:《西方哲学史新编》，人民出版社 2015 年版。

4.《西方哲学原著选读》，北京大学哲学系、外国哲学史教研室编译，商务印书馆 2014 年版。

5. 克里斯托弗・希尔兹主编:《古代哲学》，聂敏里译，中国人民大学出版社 2009 年版。

6. 梯利:《西方哲学史》，葛力译，商务印书馆 1995 年版。

7. 罗素:《西方哲学史》，何兆武等译，商务印书馆 1963 年版。

8. 安东尼・肯尼编:《牛津西方哲学史》，韩东晖译，中国人民大学出版社 2014 年版。

9. 汪子嵩等:《希腊哲学史》第 1—4 卷，人民出版社 2014 年版。

10. 撒穆尔·伊诺克等:《西方哲学史:从苏格拉底到萨特及以后》,匡宏等译,世界图书出版公司 2009 年版。

11. 西蒙·克里切利:《哲学家死亡录》,王志超等译,商务印书馆 2015 年版。

12. 刘小枫等主编:《柏拉图的真伪》,华夏出版社 2007 年版。

13. 爱德华·扬·戴克斯特豪斯:《世界图景的机械化》,张卜天译,商务印书馆 2015 年版。

14. T. 奥伊泽尔曼:《元哲学》,高晓惠译,人民出版社 2013 年版。

15. 尼采:《希腊悲剧时代的哲学》,周国平译,译林出版社 2014 年版。

16. 爱默顿:《思想的盛宴》,吴琼等译,贵州教育出版社 2010 年版。

17. 诺尔曼·李莱佳德:《伊壁鸠鲁》,王利译,中华书局 2014 年版。

18. 罗兰·斯特龙伯格:《西方现代思想史》,刘北成译,金城出版社 2012 年版。

19. 胡兴松编著:《西方哲学大师的命题》,中山大学出版社 2015 年版。

20. 维尔·杜兰特:《哲学的故事》,内蒙古人民出版社、远方出版社 2011 年版。

21. 吕世伦主编:《西方法律思想史论》,商务印书馆2006年版。

22. 先刚:《柏拉图的本原学说》,生活·读书·新知三联书店 2014 年版。

23. 邓晓芒:《西方哲学探赜》,上海文艺出版社 2014 年版。

24.A.E. 泰勒:《柏拉图——生平及其著作》,谢随知等译,山东人民出版社 1999 年版。

25. 黑格尔:《哲学史讲演录》，贺麟等译，商务印书馆 2003 年版。

26. 吴晓群:《希腊思想与文化》，上海社会科学院出版社 2009 年版。

27. 奥特弗利德 · 赫费:《世界哲学简史》，张严等译，社会科学文献出版社 2010 年版。

28. 张恒山:《西方法学名著精要》，人民出版社 2008 年版。

29. 邓晓芒、赵林:《西方哲学史》，高等教育出版社 2005 年版。

30. 文德尔班:《哲学史教程》，罗达仁译，商务印书馆 1997 年版。

31. 荷马:《荷马史诗 · 奥德赛》，王焕生译，人民文学出版社 1997 年版。

32. 戴维 · 林德伯格:《西方科学的起源》，刘晓峰等译，中国对外翻译出版公司 2001 年版。

33. 刘增泉:《希腊文化史》，吉林出版集团有限责任公司 2008 年版。

34. 罗伯特 · 艾伦:《哲学的盛宴》，刘华编译，新世界出版社 2013 年版。

35. 李文林:《数学史教程》，高等教育出版社、施普林格出版社 2000 年版。

36. 爱德华 · 夏帕:《普罗塔戈拉与逻各斯》，卓新贤译，吉林出版集团有限责任公司 2014 年版。

37. 卡尔 · 雅斯贝尔斯:《大哲学家》，李雪涛等译，社会科学文献出版社 2012 年版。

38. 基佐：《欧洲文明史》，程洪逵等译，商务印书馆2005年版。

39. 邬焜：《哲学与哲学的转向》，人民出版社 2014 年版。

40. 布莱恩 · 麦基：《哲学的故事》，季桂保译，生活 · 读书 · 新知三联书店 2015 年版。

41. 阿诺德 · 汤因比：《历史研究》，刘北成译，上海人民出版社 2000 年版。

42. L.S. 斯塔夫里阿诺斯：《全球通史——1500 年以前的世界》，吴象婴等译，上海社会科学院出版社 1992 年版。

43. 丹豪瑟：《尼采眼中的苏格拉底》，田立年译，华夏出版社 2013 年版。

44. 莱米 · 布拉格：《世界的智慧》，梁卿译，上海人民出版社 2008 年版。

45. 朱莉娅：《古典哲学的趣味》，张敏译，译林出版社 2012 年版。

46. 维斯：《洞穴中的德性》，郭振华译，华东师范大学出版社 2014 年版。

47. 施莱尔马赫：《论柏拉图对话》，黄瑞成译，华夏出版社 2011 年版。

48. 朱琦：《古希腊的教化——从荷马到亚里士多德》，西南交通大学出版社 2014 年版。

49. 史蒂芬 · B. 斯密什：《政治哲学》，贺晴川译，北京联合出版公司 2015 年版。

50. 苑举正：《哲学六讲》，中国人民大学出版社 2015 年版。

51. 乔斯坦 · 贾德：《苏菲的世界》，萧宝森译，内蒙古人民出版社 1999 年版。

52. 乔纳森 · 巴恩斯：《亚里士多德的世界》，史正永等译，译林出版社 2013 年版。

53.《柏拉图对话集》，王太庆译，商务印书馆 2004 年版。

54. 亚里士多德：《政治学》，张杨等译，湖南文艺出版社 2011 年版。

55. 色诺芬：《回忆苏格拉底》，吴永泉译，商务印书馆 1984 年版。

56. 雅克琳娜·德·罗米伊：《希腊民主的问题》，高煜译，译林出版社 2015 年版。

57. 宋洁人：《亚里士多德与古希腊早期自然哲学》，人民出版社 1995 年版。

58. 张志伟：《西方哲学十五讲》，北京大学出版社 2004 年版。

59.《柏拉图全集》，王晓朝译，人民出版社 2002 年版。

60. 爱德华·策勒尔：《古希腊哲学史纲》，翁绍军译，世纪出版集团、上海人民出版社 2007 年版。

致 谢

任何一本著作的出版，无不倾注着众多人的心血。离开家人的支持和理解，要全身心地从事某项研究，要推出什么像样的著作是不可能的。在此我必须感谢我的夫人魏晓莉，感谢我的女儿李瑞琪，没有她们的支持，我就不可能心无旁骛地搞研究，搞写作。只要有时间，她们就为我查询资料，购买图书，每遇到无法解决的问题，她们往往是我的第一顾问，每获得一个灵感，她们便成为与我分享喜悦的第一读者。我的一本本书，无不留下她们爱的烙印。

我必须感谢人民出版社，没有人民出版社的鼓励、支持和包容，本书的出版是不可能的。当然，最需要感谢的是人民出版社的杨瑞勇先生，是他一个字一个字润色书稿，精心打磨，让本书从一本原本很粗糙的文稿变成一部井井有条、错落有致的著作。没有杨瑞勇先生的细心打造，本书不可能以今天这个还算不错的面貌出现，我衷心地谢谢他！

在本书的写作过程中，商务印书馆和其他诸多的出版机构为我提供了最权威的学术资料，没有这些倾注无数人心血的文献作为支撑，任何人也写不出像样的著作。我必须感谢商务印书馆，感谢为我提供有价值文献的每一家出版机构。时代在进化，出版行业也一天天走向开放，衷心祝愿有更多更好的学术著作面世，也衷心祝愿中国出版行业有更加美好的明天！

李华平

2016年4月1日

责任编辑：杨瑞勇　侯小波
封面设计：林芝玉
版式设计：严淑芬
责任校对：吕　飞

图书在版编目（CIP）数据

智慧年代："访谈"20位古希腊哲学家 / 李华平　著 .— 北京：
人民出版社，2016.8
ISBN 978－7－01－016634－6

I. ①智…　II. ①李…　III. ①古希腊罗马哲学－研究　IV. ① B502

中国版本图书馆 CIP 数据核字（2016）第 196117 号

智慧年代

ZHIHUI NIANDAI

——"访谈"20位古希腊哲学家

李华平　著

人民出版社 出版发行
（100706　北京市东城区隆福寺街 99 号）

北京新华印刷有限公司印刷　新华书店经销

2016 年 8 月第 1 版　2016 年 8 月北京第 1 次印刷
开本：880 毫米 × 1230 毫米 1/32　印张：11
字数：200 千字

ISBN 978－7－01－016634－6　定价：49.00 元

邮购地址 100706　北京市东城区隆福寺街 99 号
人民东方图书销售中心　电话：（010）65250042　65289539